《當子女說你好煩》續篇
增訂版
伍詠光、葉玉珮
當子女
機不離手
教養青少年的技法和心法
附學習影片
U0931592

當子女機不離手——教養青少年的技法和心法（增訂版）
作者／伍詠光、葉玉珮
策劃編輯／伍詠慈
協力編輯／賴百樂
美術設計／陳詩韻
出版發行／突破出版社
香港沙田亞公角山路33號突破青年村
電話：2632 0000　傳真：2632 0388
電郵：breakthrough@breakthrough.org.hk
網址：http://www.breakthrough.org.hk
http://www.btproduct.com
承印／新世紀印刷實業有限公司
2019年7月初版1刷
2019年9月初版2刷
2022年5月2版1刷
2025年10月2版4刷

Parenting for Teenagers: On E-Generation
by Ng Wing-kwong, Ringo & Yip Yuk-pui, Lea
First Printing, First Edition, July 2019
Second Printing, First Edition, September 2019
First Printing, Second Edition, May 2022
Fourth Printing, Second Edition, October 2025

Printed in Hong Kong
ISBN 978-988-8562-65-7

本書經文取自《現代標點和合本》，版權為香港聖經公會所有，承蒙允准採用，特此鳴謝。

誠邀閣下就突破出版社的書籍發表意見

歡迎加入突破出版社 Facebook page——http://www.facebook.com/btbooks.page

本書採用環保油墨印刷

栽培新一代

年輕的心 驛動卻美麗

認識 貼近

關愛 同行

建造新一代更動人的生命

目 錄

學習影片目錄

蔡元雲序：不要開闢另一個親子戰場

「突破輔導中心」同工為關懷青少年成長的家長、老師及青少年工作者或導師撰寫另一本重要的書：讓讀者學習如何與「互聯網」的新一代「互聯繫」，並在互動中同行。

「互聯網」有可能成為「新時代的親子戰場」，因為成年的一代未必明白「互聯網」已成為新一代青少年生活中不可或缺的親密夥伴：學習、交友、娛樂、追上最新資訊、緊貼他們心儀的「偶像」最新動態、追蹤他們心儀球隊最新戰績，享受最火熱的遊戲帶給他們的快感……

我最近與一間中學的家長們，一同聆聽一些專家為我們分析「互聯網」的威力；家長們最擔憂的是「網絡沉溺」、「網上欺凌」及網絡上無法禁止的暴力與色情資訊。

這本書給我們一些重要的視野：明白打機與青少年成長的關係，探討他們熱愛甚至沉溺的原因。

本書有助成年的一代明白「網絡」如何影響青少年的情感，是跨代結連的重要一步；讓家長也認識如何處理自己與子女在溝通過程中呈現的波動情緒。

身為家長，一定想尋求途徑與子女「訂立協議」，為了建立子女的自律能力，本書透過不少實例提供指引：如何釐訂及執行「協議」，以及要執行協議到什麼時候。

多年來我都參與青少年成長培育工作，我發現最重要的夥伴是家長，當然還有老師、其他青少年工作者或導師。我深信這本書會帶給我們新的思維和指引，避免讓「互聯網」成為一個親子戰場。

蔡元雲

青年全球網絡首任及榮譽會長、突破創辦人

2019 年 5 月

何玉芬博士序：好可憐的爸爸媽媽

看《當子女機不離手》，讓我想起幾年前親眼目睹的「家庭糾紛」。

當時我與家人在一間日本餐廳用膳，旁邊一桌是一家三口，年輕父母帶着兩歲左右的可愛小女孩。餐廳環境比較暗，女孩面前的電話屏幕發出的藍白光芒，映照在她神情投入的臉，坐在他們約一米的距離，我也隱隱聽到卡通角色發出的歡笑聲。

食物送來了，媽媽跟其丈夫説：「爸爸，你餵姍姍吃飯吧，也叫她不要看手機了。」爸爸邊對女兒説「吃飯囉！」邊要拿開她緊盯的手機。女孩子見狀：「哇！不要！」小手抓着手機不放，她的世界不准被人入侵。爸爸以溫柔的、請求的口吻勸了幾句，當然是失敗了。他拿起小碗，用匙子一口一口的把食物遞進女兒口裏，「勝利」的女孩視線沒有離開過手機屏幕，還偶爾露出笑臉；她配合着爸爸遞食物的節奏，張口吃飯（不，是爸爸配合她吞嚥的速度才對）。媽媽起初自顧自吃的，幾分鐘後，對丈夫發出指令：「爸爸，不要讓她看手機了！」父女的「爭戰」又重複發生，而結果也沒變動。

以上情節重複了幾遍，媽媽終於發怒大叫起來：「你怎可讓她這樣吃飯！你倆再是這樣，我要走了！」旁邊的食客都看過來了，爸爸很尷尬，想要做點什麼的，但自知拿女兒沒法子，進退失據，一臉無奈。

媽媽真的忍耐不了，她要爆發了！她站起來，往餐廳門口走了出去。爸爸繼續默默地給女孩餵飯，而那小女孩呢？剛才父母之間發生的情景，對她好像沒有影響，她還是那麼專注。

好可憐的爸爸……

一刻鐘後，媽媽回來了，也許是冷靜了吧。一家三口，不發一言的，完成那份午餐。

好可憐的爸爸和媽媽……

家長別單打獨鬥

餐廳的故事是真人真事，當事人和旁觀者都感無奈。近似的情景，都在不同的家庭中不斷重複上演。當中反映幾個亟須深思的問題：

- 家長給幼兒手機、平板電腦等作「電子奶嘴」，甚至鼓勵小孩子兩、三歲就開始長時間使用各種「學習程式」，這對孩子身心發展和學習的負面影響，已漸被研究結果確認，要處理「打機」問題，還得從幼兒階段的家長教育開始呢！

- 家長教育也好、家庭管教也好，基礎不在於知識和技巧，而在父母之間的關係，兩人在學習擔當父母這一生之久、任重道遠又困難重重的歷程中，彼此同心，有共同的理念和承擔，互信互補，才有成功的可能。

《當子女機不離手》延續《當子女説你好煩》的重心，以真實個案引領讀者反思自身與子女相處的現實困難，不説教、不只抽空談理論，將家庭管教的五項核心元素：了解孩子、感情溝通、訂立協議、執行協議、建立自律，以事例解説、練習和應用，幫助父母逐步建立一套可行有效的與子女溝通模式；更重要的，是在實踐的過程中，重建作為父母的自信。《當子女機不離手》進一步聚焦於今日大部分父母都感頭痛不已的玩機問題，相信能成為家長教育的實用教材。

《當子女説你好煩》出版後，有機會與十多位家長舉辦家長小組，依着各章內容討論、練習與子女溝通，表達同理心、訂立協議等技巧等。但當小組完結，各人分享心得和體會的時候，才發覺對參與者而言，最大得着是面對家庭管教。家家有本難念的經，參與者明白對方的困難，藉着一起閱讀、分享，成為彼此的支持夥伴。

真的，每一位家長，你們並不孤單。

何玉芬博士

香港輔導教師協會副主席、迦密愛禮信中學校長

2019 年 6 月

伍詠光序：從無休到無憂

感謝很多朋友、家長、老師和社福同工的支持，《當子女説你好煩》在兩年內已經發行了五刷。這是奇蹟，這是恩典。這本書及影片是《當子女説你好煩》的 2.0。事實上，當完成前作時，我和突破輔導的團隊已經着手構思下一本應該談什麼。最終我們毋忘初衷，寫作必須連繫社會需要，認真地幫助和支持家長。

這幾年，我看到世界不斷在變，而且變得快，變得狂。

從「互聯網」到「互聯繫」(from internet to inter-connection)

我十多年前在一間跨國科技公司工作，當時已深深感受到互聯網的威力和影響。今天，互聯網的影響無遠弗屆。新一代是互聯網世代，生於斯，長於斯，沒互聯網等於沒陽光，沒水分，生命失去營養。上一代的我們永遠無法親身體會。

互聯網改變生活，改變年輕人如何溝通。可是，水能載舟，亦能覆舟。互聯網帶領我們向前，有時也可能令關係倒退，使人有機會和空間，把自己收藏在互聯網和遊戲背後，製造人與人的無形隔閡。

子女和家長之間最大的問題，未必是代溝，而是家長落後於互聯網世界，而孩子卻搭上互聯網的高速列車，彼此愈走愈遠，走在分隔而不互通的軌迹。

究竟互聯網幫家人互通互聯，還是不通不聯呢？溝通，我們除了需要互聯網，還需要什麼要素去聯繫起來呢？

從「無休」到「無憂」(from restlessness to restfulness)

互聯網讓生活 24x7，年中無休。如果家長擔心孩子上網通宵達旦，相信更可怕的，是社會和學習帶來的「年中無休」，令人把時間和工作表排得密密麻麻。突破機構在 2018 年進行過一個研究探討年輕人對休息的看法。結果，我們赫然發現不少年輕人會為了休息而感到內疚，生怕失去競爭力，怕父母不高興。

人有極限。無休的結果會帶來心理的焦慮和不安。年輕人處理焦慮的負面手法，不是等待爆煲，就是放棄，跑進互聯網和遊戲世界，成為新世代的隱青。

很多時候，孩子的焦慮正反映家長的無形焦慮，是彼此的反射。在一個動盪不安的社會要爭取多一點，要快人一步，造就了家庭不安的心態和關係。

究竟我們何時會停下來？停下來安定自己的心靈，無憂無慮，之後眼睛更澄明，能環顧周遭，了解自己和孩子處境，一起探索當行的路。

這本書及影片是有關溝通（技巧），也有關停下反省（心法）。技巧和心法必須互通，雙劍合璧，才能一針見血。

我感謝在輔導室或家長聚會遇見的家長，因為他們具備勇氣去學習和改變；感謝突破輔導中心的團隊，天天與我並肩堅持這使命；感謝「陳立人基金會」支持這個家長教育計劃；感謝寫作拍檔葉玉珮姊妹、編輯伍詠慈姊妹，與設計和市場同工的努力；感謝上帝，讓我在忙碌和疲累中，仍有靈感，有感動，最終順利完成這本書及影片。

最後，向你分享一件很重要的事：

做好家長主要不是「學」出來，而是「悟」出來。「悟」，由兩個字合成，就是「我」和「心」。「悟」，需要停，需要慢，需要空間，去觸摸自己的心。

所以，我邀請你以耐性和悟性，也在百忙中停下來，慢慢去閱讀，去思考。

你的弟兄

伍詠光

2019 年 4 月

葉玉珮序：青少年子女還可以管？

近年，每逢外出主領青少年家長講座，必會遇到一道問題：就是子女過度使用手機；同時，我處理的青少年家庭個案中，涉及手機引致的親子衝突亦大幅增加，可見子女使用手機或其他電子產品的情況，已令全港爸媽陷入困惱之中。於是，我們決定撰寫一本關於如何處理子女機不離手的書。

青少年，還可以管教麼？

然而，當我們開始籌備寫這本書時，遇到一些意想不到的爭議，包括：

- 青少年，還應管教麼？
- 青少年，你還管到他麼？

有這些想法的人，很多是站在體諒青少年的角度去看，他們明白到青少年是最渴望自由自主的羣體，也感到很多時候，成年人的管束都是基於對年輕人的不信任和不明白。

然而青少年不只是渴望無拘無束，當他們開始主導自己的人生時，會遇到很多消化不來的經驗和表達不來的感受，令他們的情緒常陷入困擾迷惘之中。在享受自由自主的樂趣時，又會產生失控的恐懼，對個人能力產生質疑，這些都令青少年同時渴望得到父母的關心、明白、肯定，也渴望得到指引，甚至渴望有要求、有限制。

這是青少年還必須受管教的原因。而彼此需要的關係，也是父母還可以管的原因。

管教的是與不是

關於「管教」的爭議，還讓輔導員同工熱烈討論書中是否應使用「管教」一字，因為「管教」青少年彷彿等於「專制」、「高壓」、「家長式」，等於站在青少年的對立面，令人反感。

家長對於如何管教也趨向兩極。

會管教青少年的家長，等於整天管束、教訓、責備和懲罰子女，甚至動不動就向子女發火，以示家長的權威。

不想這樣的家長，唯有走另一個極端，就是「日哦夜哦」，子女不理睬便「無符」，變成由子女話事、沒有要求、沒有界線，放縱子女。

對家長來説，這兩種其實都行不通，但可以怎樣？

首先，我們對管教之所以有以上的理解，往往是從上一代對我們的管教學來的。上一代父母給我們的管教印象，一是嚴厲和責打，子女畏懼父母，情感較疏離；一是慈母式的過度照顧，子女受到溺愛，但沒有被要求，難以承擔責任；另外一種是父母忙於工作疏於管教，子女天生天養。

到了今天已較少聽到父母會對子女天生天養，那麼管教的方式只有兩個：

管　=　責？
愛錫　=　不管

然而管教不是二元對立的。

管教是有情感交流，當中有父母的讚賞、體恤、包容和鼓勵，體現父母無條件的愛。同時也有對子女的期望、要求、教導、界線、約束，讓子女理解這些期望對自己的意義，也有一份安全感，就是即使自己橫衝直撞，父母仍會把關。

管教並不是對子女無止境的要求，而是明白人非完美，能接納子女的限制和軟弱。

管教也不是要求子女達成自己的心願，只要父母說好子女便要順從；而是尊重子女，有商有量，聆聽子女的心聲，也讓子女明白父母的關注，信任子女懂得為自己做負責任的決定。

管教是一步步的放手，不會過度保護，而是協助子女邁向獨立自主，自愛自律。

青少年並不是討厭父母管教，只是不喜歡某些管教的「方式」。我希望透過書中詳細講解管教的種種，讓大家對管教有另一番體會，你會發現，管教時父母與子女可以是站在同一邊的。甚願有一天子女放下擋在面前的手機，坦誠與你交流時，你會發現那個不一樣的孩子。

葉玉珮

2019 年 5 月

楔子

走開

……我看見
你離我而去走進校園
帶傷感也得讓半成熟的你自由
走進無垠……

躊躇的身影，匆匆而逝
好像長了翅膀的種籽從母株飄散……

唯有天父完美示範對愛子放手——
成長，始於走開，
愛，見於放手。

（塞希爾・戴-路易斯，1904-1972）

Walking Away

...I can see
You walking away from me towards the school
With the pathos of a half-fledged thing set free
Into a wilderness...

That hesitant figure, eddying away
Like a winged seed loosened from its parent stem...

Saying what God alone could perfectly show -
How selfhood begins with a walking away,
And love is proved in the letting go.

(Cecil Day-Lewis, 1904-1972)

導言：

哪有孩子不玩機？

引言

這時代哪有不玩手機的年輕人？不玩機的年輕人大概會是外星人！可是，當他們沉迷電子產品時，家長又會覺得他們不像是一個正常人。

「對着手機，茶飯不思，六親不認！」

「日玩夜玩，影響學習和睡眠，甚至連雙眼都快盲了！」

「當我要阻止他打機，他瞪着我的眼神，真是兇得像要殺人一樣！」

其實，玩機未必是家長最關注的問題，最困擾家長的問題是一旦孩子為了打機「去到盡」，廢寢忘餐，荒廢學業，家長必定感到傷心及掛心，痛恨究竟誰人發明「網絡遊戲」這回事！

難道青少年玩少陣機會死？

難為了爸媽

只要想到要處理孩子和手機的問題，你可能感到家長任務很艱巨，甚至不可能。很多家長甚至覺得最後都得在手機和電腦面前投降。歸根究底，家長之所以感到挫敗，不一定是沒辦法或無知，也不一定是與子女在孩童期的關係不好、管教不好，更不一定是社會或朋友影響力過大……

關鍵是什麼？關鍵是滑手機本身是個複雜的現象，不是單靠解決表象，即收了機就可以應付所有處境情況（見下圖）。如家長欠缺反思，不去理解問題癥結，就成了一個惡性循環。這放在任何的管教問題上，都是同一道理。

很多家長管教失效的原因是，**家長沒有空間和方向去反思、反省，最後被個人情緒帶動，困在與打機和孩子敵對的位置上。**

要將家長的任務變得有可能，必要做個有「反省能力」的家長。反省的起點是認知，家長要站在一個容易清楚地和立體地看問題的位置，從不同方向和層次去學習管教的學問。

我希望這本書不但能給家長安慰和肯定，更能引導家長一步一步反省，在教養上放眼一種更遠的視野。

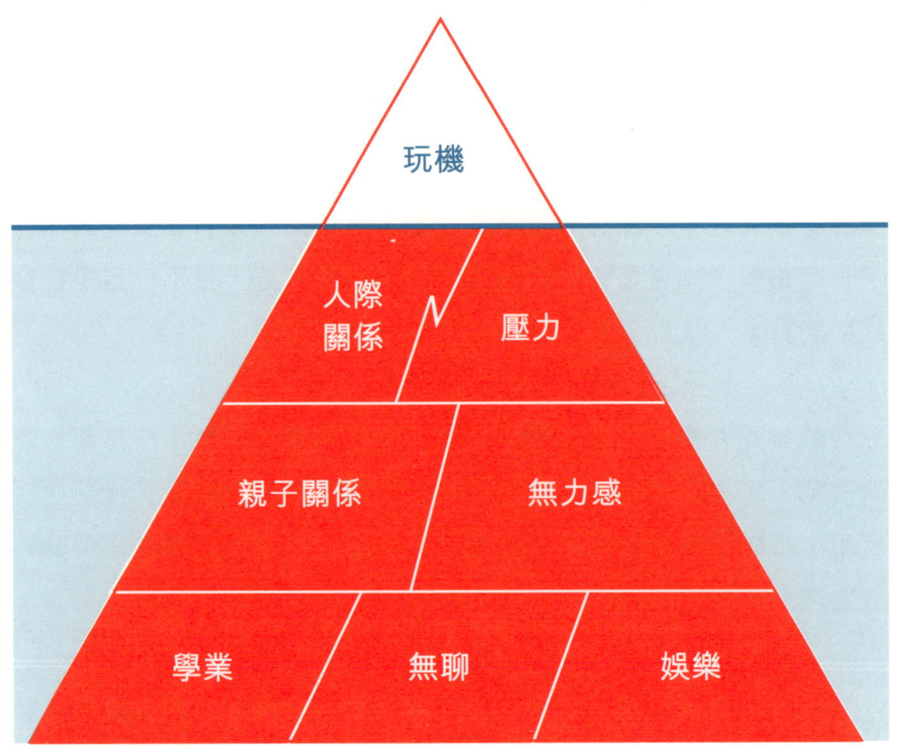

玩機不是一個人的事

孩子為了打機可以去到多盡，家長為了保護孩子，不想他們沉迷，也可以去得很盡。不如先停下來，讓我們先分析打機背後是個什麼問題：

美儀的孩子俊軒，年幼時很聽教。他今年剛滿 13 歲，開始與母親常常爭論究竟先溫習，還是先打機半小時。他們爭論不休，甚至花了足足半小時也爭持不下。美儀心裏慨歎：「如果俊軒利用這半小時爭論的時間去溫習，問題不就解決了

嗎？」更感歎：「為何我們天天為着打機的事，無日安寧？」最後美儀為免衝突加劇，只好容讓他先打機半小時。當然，美儀心裏早斷定他一旦打起機來就難以自拔，心裏已打算通融多給 15 分鐘。可是，俊軒竟然一打就是一小時，甚至沒有停下來的迹象。即使美儀多番提醒，俊軒只是口裏敷衍着：「得啦！得啦！」始終沒停手。美儀只好呆坐在沙發，既無奈又生氣，後悔當初誤信孩子會守約。

究竟俊軒是否變了另一個人，不再是昔日聽話順從的孩子呢？這個個案説明一個重要道理：**你的孩子會不斷長大，由小童轉為青少年，青春期的轉變格外大。家長稍不留神，孩子就已經「變」了。但「變」是正常的，沒「變」的孩子才沒成長過**。家長要留意的是，接受孩子不再一直是你心中聽教聽話的小孩，反而要不斷學習認識你的孩子，這認識不單是表面的認知，更要探索他們複雜的內心世界，明白他們；而要達到有效溝通和管教，就要讓他們知道「你願意明白」。

偉強有個 16 歲的孩子 Marco。Marco 自從初中愛上打機，讀書成績就強差人意，甚至經常處於留級邊緣。在偉強心中，Marco 學業失敗的主因就是沉迷打機。一天，偉強回家看見 Marco 對着電腦埋頭打機，心中怒火又再次升起，不禁向孩子破口大罵，但 Marco 竟然無動於衷，反而還以一個不屑的眼神。這時候，偉強心想自己青少年時才不會對父母這樣不禮貌，孩子竟然那麼不孝，真是忍無可忍，於是立即跑進廚房捧出一盆冷水，直接倒向 Marco 面前的電腦，電腦當然即時壞了。當時 Marco 先被嚇呆了，之後怒目注視偉強，偉強也回應一句：「望什麼？電腦是用我的錢買，不可以弄壞

嗎？」兩人快要大打出手之際，Marco 母親立即跑過來勸阻，最後 Marco 只好跑進房間，關上門。第二天，當偉強放工回家，赫然看見大廳的白色牆壁上被紅油噴上四個大字：「還我電腦！」偉強簡直氣得要瘋了。

偉強與 Marco 之間究竟發生什麼問題？為何父子為了打機的事變成了仇人？這個個案凸顯出關係與衝突。關係與衝突即是說事件是由雙方一起引發的，所謂一隻巴掌拍不響。在衝突中，**我們要留意雙方其中的互動，而這互動往往與情緒有關**。一個人的動作、表情、一句説話都由情緒帶動，之後在有意無意間向對方發出來，引發了對方更強烈的情緒，最後雙方的怒火都升級蔓延，以致一發不可收拾。

上文兩個例子，第一個應該比較普遍，第二個就較為誇張。但兩個都是真實的個案。總而言之，面對孩子打機情況，家長必須掌握兩個核心元素：

- 「一個人的事」：家長要積極地察看和進入孩子的內心世界，例如打機對孩子有什麼意義。**【參看本書的第一步】**

- 「兩個人的事」：不論家長處理的是孩子打機，抑或其他行為問題，都是一種親子互動，而互動牽涉兩個人的內心想法、期望、假設、情緒和過去的經驗等。很多時候，道理會在家長那邊，然而，家長自己往往因處理不到自己的情緒，導致把孩子迫得失控，結果家長自己也失控了。**【參看本書第二至五步】**

這本書將會就這兩個要點，一步一步為你解構年輕人的世界，及父母與子女間的互動糾纏。

關於打機，7道家長必問的問題

以下是家長通常會問的7道問題。而這些問題正好反映教養背後的重要考慮和要點。

1. 打少陣機會死？

要解答此問題就要了解年輕人的世界。

孩子愛滑手機，家長首先會想到的是孩子貪玩學懶，寧願打機，逃避責任。如果你是這樣想，代表你還未能進入他們的世界，無法完全了解孩子，反映你跟孩子已有代溝，有距離。

以打手遊為例，電玩公司開發遊戲是個商業行動，花上大量投資和研究。遊戲把複雜事物條理化，其設計源於生活、來自人性。他們的遊戲設計正是回應孩子一些需要。設計者將規則設計得比現實更清晰、反饋更明確、更洞悉玩家的想法。所以玩家在遊戲中會有滿足和快感，這正正是我們在現實中難以獲得的。簡單來說，遊戲讓玩家按部就班達到目標和成功，並在過程中不斷給予玩家獎勵，以達到令玩家逐步「沉迷」的目的。

因此，孩子打機不是純粹貪玩，貪玩只佔一個部分，他們是完全投入了遊戲設定的世界了。當家長以為孩子只是貪玩，代表你不認同打機這回事，跟打機敵我分明，覺得打機就是洪水猛獸，荼毒孩子；所以當你禁止他們打機，對於孩子來說，就是向他們無聲地宣戰，同時使投入遊戲世界的孩子感到「父母不認同我」，他們甚至會認定「既然你不認同我，跟你談都沒用」，親子關係只會變得更對立。

如果家長漠視孩子的需要，只集中處理是否打機的問題，試問怎能敵得過一間公司企業的設計呢？**請家長必須有耐性去了解孩子行為背後的心理狀態，更要反思自己的教養是否能對應孩子需要，才有心力去對抗電玩公司的手段。****【請參第一步】**

2. 我是否只能無可奈何，不想容許孩子打機，但又不能禁絕？

回答這問題，就要了解青少年的成長及均衡發展。

很多家長常常擔心，不停問：孩子幾多歲才可以玩手機？孩子幾多歲才可以擁有自己的手機？深恐自己做錯決定，錯誤地給了孩子手機或打機機會，家長要知道這世界並非純粹的 Yes and No，世界比我們想像更複雜。家長做決定時，須要有一份認知，認知你的孩子及你對孩子的要求。認知你的孩子包括兩方面，一方面是青少年的成長階段，另一方面是孩子的特質。

談到青少年成長階段，當然可以從不同方面去探討。不過，這裏特別提到青少年的成長需要。**青少年的成長需要很多，例如獨立自主、人際關係、如何處理壓力、內在動力及自我身分及價值等。你可曾想過，打機跟以上成長需要有關嗎？**不同年齡的子女所需要的素質都不同，一個 5 歲的孩子所需要建立的自主能力不同於一個 13 歲的。而一個 5 歲的孩子所需建立的人際圈子，也理應不同於一個 15 歲的。界定什麼年齡適合做什麼事，視乎你有多認識孩子的需要。

成長階段的說法是有關青少年的普遍性，家長更要了解你孩子的獨特性，就是他們的成長階段及均衡發展。健康和均衡的發展應包括什麼範疇呢？若要發展這些範疇的話，子女應參與什麼活動？然後便可衡量子女應如何分配時間。

所以何時可以打機，或給予手機這道 Yes and No 問題，事實上父母先要問自己，你是如何評估你的孩子。**【請參第一步】**

3. 我的孩子算沉溺嗎？

這問題決定了家長要訂立怎樣的協議標準。

究竟怎樣才算「沉迷」或者「沉溺」呢？當然家長問這個問題時，是不想孩子沉溺，並恐怕他們已經沉溺起來，內心非常複雜。

很多醫學及心理學專家都會為沉溺甚至網絡沉溺冠上不同定義。你在書本上、網上可以一目了然。這裏不用重複。不過，從另一角度來看，孩子沉溺與否，定義可能在於你的「看法」。

有些家長比較嚴厲，希望孩子不要打機，所以孩子打機超過半小時，已經足以構成家長心目中的「沉迷」。有些家長比較開明，容讓孩子自行決定打機時限。又有些家長因為無計可施，只要孩子肯停下，對家長來説已不算「沉溺」了。這不同情況都源於家長的期望。有時候，有些家長更會「搬龍門」，一時寬鬆，一時嚴苛，沒有一套一致的標準。**如果你問什麼是沉溺，不如你先了解自己是抱持怎樣的期望和標準，以及為何有這期望和標準。【請參第二、三步】**

4. 應該容許孩子玩手機多久？

這問題是有關如何訂立和執行協議。

很多時候，家長會跟子女爭論究竟玩機可以玩多久，又或者應該先做功課還是先打機？如果他們應承打一段時間，但後來食言，應該如何處理？所謂知己知彼，這問題涉及家長的管教和執行管教能力，也關乎孩子的自制力及與父母的溝通能力。

有關家長的執行管教能力，這方面可以分為兩個層次，第一個層次是如何訂立協議，另一個層次是家長的意志和決心。設法訂立協議，方法未必萬試萬靈，也需要家長執行的意志和決心。**有決心和意志，但沒有靈活的方法，只會變成固執，雙方可能釀成更大的衝突和矛盾**。心法和手法都是執行管教及跟孩子協定的重要部分，兩者須要並存。**【請參第四步】**

5. 因為打機問題而發生衝突，如何處理？

這問題是當你執行與孩子的協議時，遇上阻力怎辦。

家長執行協定時，家長與孩子間難免遇上衝突。衝突，表面上因為彼此立場不同。深入一點看，每個人包括年輕人和成年人，都會立場不同，想法不同。無法處理衝突，就是不能接納彼此的不同，各不相讓。

各不相讓有兩大原因。首先，各人堅持己見，不願或無法有商有量。上文提過，衝突既是兩個人的世界，家長和孩子雙方都要學習商量，而家長更要在孩子面前以身作則，表現什麼是商量的態度。而商量有一個重要基礎，就是雙方的關係。有了關係，商量會較容易，沒有關係，難度升級。

另一個重要因素是情緒。原來執行協定時會涉及雙方的情緒管理問題。大部分的年輕人都難以自制，因為沒有人想被限制。孩子的反抗很正常，反抗中會產生情緒。當家長遇上孩子反抗（及情緒）時，也激起自己的情緒。在打機的事上，子女跟父母的爭執往往產生不滿和憤怒的情緒，這些情緒會令父母感到攻擊性，以致要還擊。當彼此情緒升溫，衝突就會加劇。在衝突過後，家長又會產生另一些情緒例如內疚、後悔，或者更憤怒、更傷心。一旦衝突再出現，過去累積了的情緒又可能會再被激起。

家長捲入跟孩子的情緒漩渦，雙方都是輸家。因此，**未處理好情緒，根本就不能處理好衝突。處理情緒，就是孩子的情緒及家長自己的情緒。****【請參第二及四步】**

6. 沉迷玩機，將來點算？

大部分家長眼見孩子沉迷玩機，不但擔心影響學業，更擔心孩子沉醉虛擬世界，逃避現實，將來變得無所事事，自毀前程，變得封閉也會影響人際關係等，總之愈想愈憂慮。相反地，今天的年輕人或許會向你說，打機都有前途，大可以以電競作為事業。

有時家長的確會過分自己嚇自己。家長在打機的事上，要看遠一點。其實家長最擔心的是孩子日後的生活能力與發展。那麼，家長心中的目標不單放在這一刻跟孩子「打機不打機」的爭持上，而是要想像你長遠的教養目標，就是你想孩子將來成為「一個有怎樣素質的人」。你看重的，是他們的性格、人格、生活能力等要素。只要孩子擁有美好和健康的性格，才能伴隨他們一生的成長，以及面對人生所有高低起跌。

可見孩子玩機不玩機不是問題的核心，核心是孩子更深遠、更長遠的需要。所以面對打機問題，**家長既要拿一個放大鏡，同時也要拿一個望遠鏡去看**。好處是幫助家長不再單單糾纏於面前的爭執，終日為了「玩機不玩機」而吵吵鬧鬧；更重要是改變焦點，換換心情，冷靜思考問題，就可以想出更多可能性，更有效的方法。**【請參第五步】**

7. 我可否不用嘮叨，孩子自動收機，能自律？

這個是緊接上一道問題，成為「一個有怎樣素質的人」。孩子的自律，正是執行管教及跟孩子協定的最終極目標。

自律或自制力是什麼？是言聽計從，事事聽你？是唯唯諾諾，沒個人思考？家長要明白所謂「停」不是按一個按鈕就會停，而是孩子自己內裏一連串的過程和內心運作，如自我對話及提醒。

很多時候，家長只集中看「結果」，即是「叫停」打機，而忽略了培育孩子的自制力，這才是終極目標。自制力包括一個人如何了解自己的行為動機，能夠有目標。**【請參第五步】**

管教孩子的五步

以上問題一方面是一般家長很實際的困難，同時反映着當孩子遇上各種須管教的問題時，家長都要經歷幾個步驟，我們會稱為管教金字塔，包括：

1. 了解孩子
2. 情感溝通
3. 訂立協議
4. 執行協議
5. 建立自律

管教金字塔

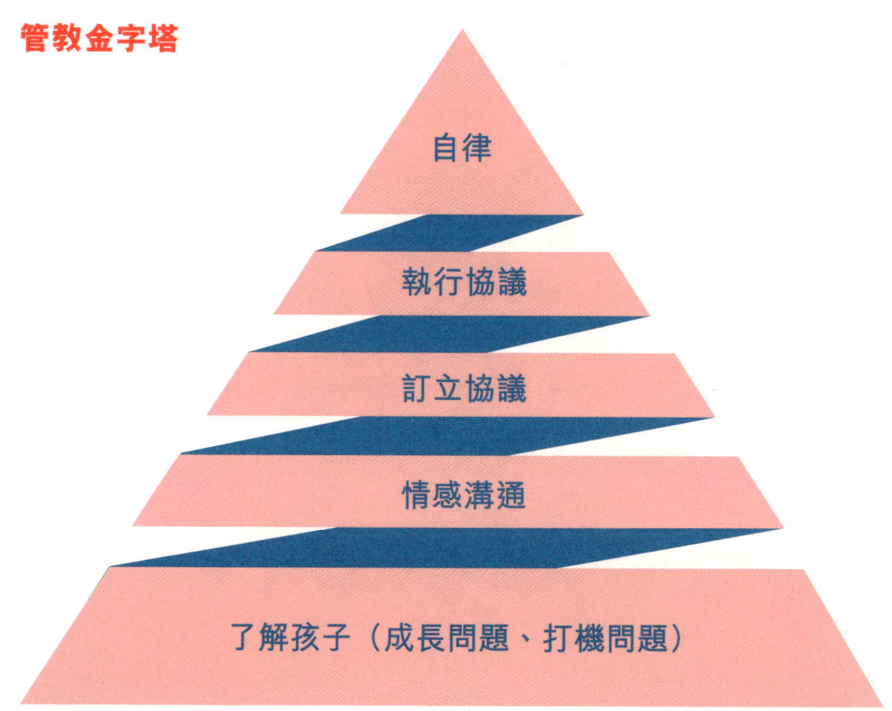

1. 了解孩子

踏出教養的第一步，是家長先對孩子有認識、明白，以至接納。接納可以拉近雙方距離，也調整家長心態。請家長先放下偏見和過分的憂慮，嘗試了解孩子為何喜歡打機，打機又對你的孩子有什麼意義；同時認識年輕人的成長需要，進一步反思自己的教養方式及背後價值觀，這樣會幫助家長從一個較宏大和長遠的視野看孩子的問題和教養方向。

2. 情感溝通

以教養理念為基礎，家長可以與孩子有效溝通。很多時候，溝而不通是因為自說自話，彼此不對嘴。不對嘴的主要原因是不明白孩子的情感，無法從情感出發。

如果能夠承接以上所說，先認識孩子，家長可以調節（tune in）自己抱持一份「同理心」，讓孩子知道你明白他、接納他。同時，家長可以調節自己，用「我的訊息」這種感情的語言表達自己對孩子的所想所望，讓孩子真正能夠接收家長的心意。這樣，溝通才會變得雙向，而不會只有家長單向地發施號令，孩子自顧自裝傻扮懵。

3. 訂立協議

協議的基礎不是父母的權力，而是信任。什麼是信任？信任是肯定對方可以溝通，不會欺騙我，不會傷害我。

有了以上的管教基礎層次，包括家長對孩子的理解和感情的溝通，便容易產生信任。信任是協議的基礎。沒信任，雙方難以達成有效的協議。協議不是指令，不是對抗，而是家長和孩子有商有量。這樣，孩子也可以學會商量和溝通，便能一生受用。

4. 執行協議

協議是一件事，執行又是另一回事。很多時候，家長面對孩子食言，而大失所望。現實中，執行協議一定面對阻力，阻力可以是孩子的反抗和負面情緒，也可以是家長的軟弱和把持不定。因此，執行需要技巧和意志。

5. 建立自律

自律，首先是讓孩子自動自覺收機，不再沉迷。更長遠是塑造孩子的內裏特質。

上文提過了，自律是建立孩子的自制能力，例如學會延後滿足及計算後果。這些都是為自己打算。更重要和更高層次的自律是，一個人在考慮要做什麼、不做什麼事時，不只考慮眼前利益，更會考慮將來。所以，自律不單是專針對打機，更是一個更廣闊的教養目標。一個懂得自律的人可以走更遠、更艱辛的人生路。

這個五層金字塔模式讓家長從認識孩子開始，了解孩子背後的動機心態，以致家長可以用全新角度去看管教及行為問題。之後，家長可以利用「情」和「理」兩個心法與手法，跟孩子協商和執行協議。這五層的理念同時也是五步，每一步並不是獨立分割的，是層層遞進。下層基礎愈穩固，上層的管教愈容易奏效，即使家長一時失效，也容易收復失地。

這本書會依以上層次，分為五步。第一步，讓家長先「了解孩子」，了解年輕人為何要打機及成長要素；第二步是有關「情感溝通」，指導家長如何建立同理心和「我的訊息」的加強版；第三步是説明如何「訂立協議」；第四步是指出「執行協議」的方法和過程；最後一步是解釋如何藉以上層次建立孩子的「自律性」。如應用在玩機的事情上就是這樣：

總結

這本書的主題是「處理」孩子與電子產品，主要是手機，也可以應用到孩子其他行為和管教問題上。所謂「處理」，本書當然會給家長一些方法和原則。但更重要的是，這本書要帶你走進問題的核心，就是認識這既是「一個人的事」，也是「兩個人的事」，這樣有助家長加以反思和調校，有此裝備，即使遇上各種沉迷或行為問題，家長都不用退卻。我們不期望單是「處理」，這是消極的，且更希望是幫助孩子學懂自制、成長，同時家長也會成長，成為更好的父母。

CHAPTER 1

SCORE 10

第一步

玩少陣機會死？——

認識你的孩子

1. 打機與青少年需要

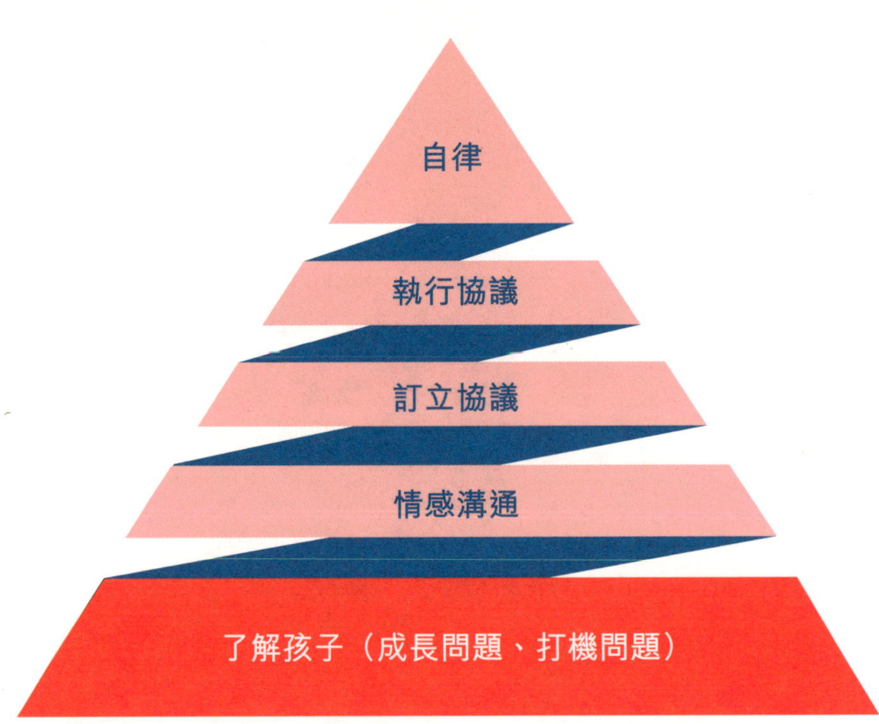

目標：

辨別子女打機背後的原因。

提示：

問一問自己，我的孩子需要什麼？如何才能滿足這些需要？

引言

家長往往活在矛盾之中，既知不能禁絕孩子接觸電子產品和手機，也不能斷絕網絡，做一個原始人。現今有些學校鼓勵學生網上學習，向每個學生派一部平板電腦，甚至有開設電競班。另一方面，當網絡逐漸佔據孩子的大部分時間，家長又擔心孩子會投入至抽離現實，忘卻自己的學生和子女本分。網絡的魔力可能足以令孩子着魔，甚至成了魔。

雖然家長自己都曾經年輕過，可是真的難以明白現今青少年究竟想什麼，難以了解網絡世代如何運作，為何對年輕人而言，網絡比任何事物都吸引。

這部分要幫助家長先了解子女。所謂知己知彼，要建立情感溝通，必先認識你的孩子及他們的世界。**要了解孩子着迷網絡和打機的背後原因和內心世界，家長才能有新視點去教養孩子，應對問題。**

打機原因有多種，但我想歸納為四個內與外的範疇裏，內在：包括負面心理因素、內在推動力；和外在：朋輩關係因素，以及父母與孩子間的互動。

1. 壓力因素
2. 成長動力因素
3. 關係因素
4. 家庭互動因素

首三項是青少年的成長任務，他們要學會壓力管理、建立人際關係和自我，才能學會成為一個成年人。而最後一項是有關父母與子女間的關係和互動，影響子女的行為模式。說穿了，就是回應導言談到，家長要了解這是「一個人的事」，也是「兩個人的事」。

1. 壓力因素：我好大壓力呀

Susan 的孩子 Peter 就讀名校，剛升上中二。Peter 自小學開始成績一向屬中上，自己應付自如，一直不用父母費心。可是，當 Peter 升上中二，問題就出現了。他不但學業漸漸跟不上，而且迷上了打機。在 Susan 眼裏，Peter 是不想面對學業，也不懂如何面對。當 Susan 跟丈夫提起，反而被丈夫批評自己太緊張，令 Susan 更感到孤單無助，漸漸迷惘起來，常問是否自己真的過分緊張。

Susan 初時對 Peter 仍然諸般容忍，嘗試按捺自己的情緒。與其説按捺平息情緒，不如説壓抑情緒。久而久之，Susan 受不了 Peter 沉迷打機的程度及不斷下滑的成績，就開始着急起來，情緒「爆表」，對着兒子有時都會情緒失控，破口大罵，令關係更加緊張。一次 Peter 竟然對母親説：「我很憎恨你！」這句話令 Susan 痛不欲生，數晚無法入睡，心中既生孩子的氣，又生丈夫的氣，同時又悔恨自己情緒失控，悔恨當初讓 Peter 進入名校。作為母親，Susan 內心千思萬緒，非常矛盾，非常混亂。

拆解

你有壓力，我有壓力

很多人以為成績優異的學生不會沉迷打機。**事實上，年輕人沉迷打機的原因不一定與他的學習能力有關，反而是他們如何看待自己的能力**。在 Susan 眼中，Peter 是個有能力、有要求和有目標的人。

可是，Susan 感到 Peter 自從升上中二，就迷上了打機，而且整個人完全變了，變得令人感到陌生。

就是因為 Peter 是個有要求和目標的人，這種自我要求反而成為他的壓力之源，而 Susan 對 Peter 的期望更增添了 Peter 的壓力。Susan 嘴上説自己從沒給孩子壓力；但很多孩子都很敏鋭，對父母內心暗藏的期望，其實都感應得到。

Peter 一向在學業上沒遇過任何挫敗，以七成力量已經可以名列前茅。當升上中一、二後，他發現天外有天，人上有人，一心以為自己繼續用七成力量去爭取便可以，卻反而失敗收場。這一刻 Peter 感到很迷惘，究竟我是誰？究竟我有能力嗎？如果我要出十成功力，是否一定能有成績？很多年輕人都卡在這個自我認知的十字路口上，掙扎無援，最後發現打機是個可以逃避的洞穴，也是間接爭取能力感的地方，結果走上迷戀打機的路。

從關係互動上來看，Susan 的確對 Peter 有期望，只不過不會直言而已。此外，Susan 因為內在的期望和壓力，令自己只能看到 Peter「不聽話」和「逃避責任」的一面，反而忽略了 Peter 的內在自我迷惘和壓力。因着 Peter 的迷惘，Susan 也同時感到作為一個母親的迷惘。當雙方都迷惘，關係只會愈來愈差，情感愈來愈疏離。

青少年已有壓力？

壓力因人而異：每個人面對壓力的反應都不同。有人需要壓力去推動自己，有人害怕和逃避壓力。壓力是一種不易掌握的事物：有時以為自己控制得到，有時在不知不覺間被影響而不自知。如果家長連自己的壓力也掌握不到，又如何掌握子女的壓力呢？

有些家長無法偵測子女承受的壓力，只會集中注意力在他們的行為和成果上，被他們的一言一行或者成績起跌所遮蔽。有些家長自以為洞察到子女承受的壓力，便常掛在嘴邊：爸媽不會給你壓力。有時家長以為自己什麼都知，什麼都經歷過，必定徹底了解孩子的壓力；其實**那句「不會給你壓力」的話也可能成為子女的壓力，令他們感到自己很沒用，不懂處理壓力。**

你可能在想，今天的年輕人真脆弱，身為家長怎敢亂説話，怕一句話足以嚇跑子女去輕生。畢竟，今天輕生的年輕人太多了。既是這樣，家長要開始轉向，不要單單注目孩子的學習成績，而要關注子女生活和學習背後，可能遇上的壓力。

壓力驅使人打機？

不少成年人感覺現今的青少年一代不如一代，在溫室中長大，不知生活艱難，反而軟弱無力，承受不到壓力。這想法會阻礙我們了解子女。其實青少年面對的壓力，雖然離不開家庭和人際等方面，可是形式和表現與父母成長的年代已截然不同了。

説不出，講不到：年輕人的經歷的確比成年人少，遇上每個困難都可能是新的困難，加上生活和人際上的困擾總是纏在一起，很多時間不是三言兩語可以表達出來，無法形容得很具體清楚。學校也從沒有一個科目去教曉學生表達。同時，因着自尊心，青少年也難以直言、啟齒。最後，很多心事埋藏心底，一層壓一層，愈難自己發現。其中一個讓自己可以逃避思想這些複雜問題的方法，就是網絡和打機。網絡和打機有規有矩，相對上較容易掌握。他們覺得生活上的挑戰沒 take two，但打機輸了，可以有 take two。

抖不到氣，沒空間：壓力需要空間去讓自己沉澱，以致消解。但今天年輕人的生活非常忙碌，時間表排得密麻麻，沒有空間。一旦他們有空間，就想休息。家長會說，既然要休息，何不去睡覺，為何走去打機，打機不是更費神？年輕人每天花上很多時間和精力在左腦的活動，不論是學校的課程、課後的補習、週末的另類學習等，左腦都要枯竭了。因此他們自然要找一些另類的事情去做（例如右腦或重複性的工作），打機的世界便有這類電動遊戲提供了。

壓力也是動力：壓力是人類自然的反應機制，壓力又可以成為推動力，叫自己加油和努力，而打機過關固然會令人有壓力，增添緊張氣氛；這種情狀跟年輕人生活上面對的壓力模式有點相似（見下圖）。可是，正如上文所說，生活的挑戰一旦失手，難以翻身，而打機失手則可以重頭來過。

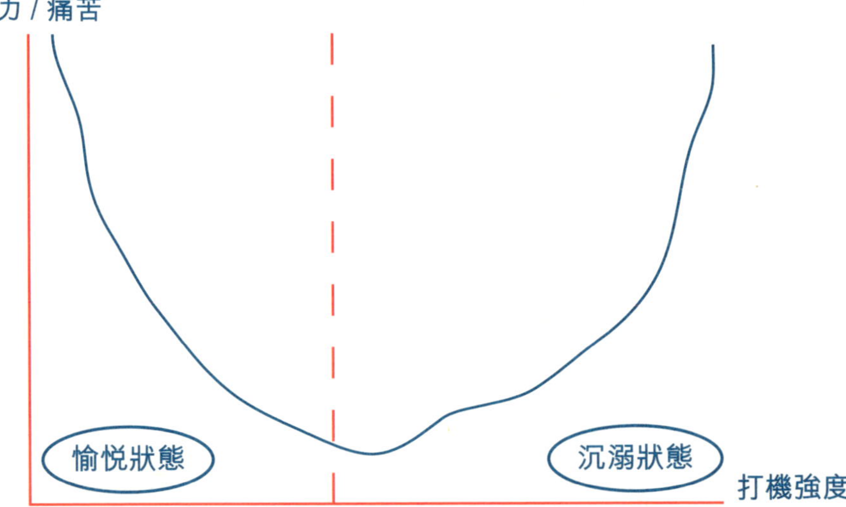

社會拒絕青少年：在一些生涯規劃的調查中，不少年輕人認為香港出路欠多元，社會氣氛和環境令他們覺得沒選擇，出路愈來愈單一，單一的結果是只能走主流，沒有適切自己的機會，只能被迫參與劇烈的競爭。而且，年輕人容易過於理想化，以為努力可以爭取脱穎而出。這份壓力必定比以往年代更甚。加上，年輕人感到整個社會瀰漫着「家長式管治」的氣氛，感到難以發出異見聲音，或者發聲都沒人會聽。在這氣氛下，年輕人只會感到不被明白和確認。當他們以為無論怎努力都沒用時，會走向極端，以為只有一個最後能夠自主的選項，就是放棄。**放棄了爭取生活上的成功，反而在打機世界裏相對容易爭取滿足感。**

由此可見，與其純粹説年輕人只愛玩機，不如説是壓力把他們推向死胡同。

2. 成長動力因素：我無力了

當你第一眼看見阿南，會感覺這個年輕人很迷惘。可是，當你看到他在打機時，會變成另一個人，一個滿有自信動感的人。平日沉默寡言的他，竟然可以跑去跟 YouTuber 在網上作打機直播，儼然變成了一個網紅。

阿南有三兄弟姊妹，自己排中間，一直處於一個不起眼的位置。父母忙於生計，沒法好好照顧每一個子女，因此阿南常常感到自己遭冷落，大小事情都只好自己照顧自己。即使學習上的問題和決定都要自己去想辦法。既是自己照顧自己，就是沒人照顧，也沒人為他計劃他的前路。他就是在沒目標，沒鼓勵的環境下成長。

阿南小三開始接觸網絡，網絡成為平日陪伴他的事物。漸漸地，他迷上了不同的網絡遊戲，愈打愈有成績。可是，他對讀書一點也提不起興趣，很多時候，他靠教同學打機換取同學代做功課和幫忙溫習。直至中一，阿南的英文程度只如同小一。

在阿南父母眼裏，這個兒子沒半點出色，簡直是自暴自棄。父母間中罵阿南幾句，並沒有細心了解兒子發生什麼事，所罵的話當然沒半點作用，阿南完全無動於衷，更甚是令他覺得自己不被關心。當老師見家長時，父母把責任推給老師，而老師卻說這是父母責任，學校很難干涉。沒人去正視問題。

拆解

打機作為成長動力

當我遇見阿南，問他有什麼理想、有什麼願望、有什麼喜好……他統統都答「不知道」。阿南不但對其他事沒自信，更似乎對自己的自我認知很薄弱。一個沒方向，沒目標的人，只會找着一件感覺良好，感覺有信心的事做，這就是打機。

阿南之所以沒方向，沒目標，就是缺少他人的鼓勵。事實上，阿南的父母並非完全不理會他。不過，他們過問阿南的説話和態度令阿南反感，因為他們往往以責備的口吻或者説一些老掉牙的話，如「不讀書沒出色，努力點吧！」對阿南來説，是説了等於沒説，因為他們並沒有真正明白他的處境和內心世界。

明顯地，阿南沒有健康的成長動力。直至他遇上網絡遊戲，他的世界轉變了，感覺只有在網絡中才找着人生的意義和動力。

打機有幾吸引？

打機的吸引力不單在於好玩，而是間接地給予年輕人成長動力。今天家長的對手不是孩子，也不是電玩本身，而是網絡遊戲公司。

網絡遊戲公司掌握數百萬玩家的數據，研究出一套符合玩家心理需要的遊戲內容。他們似乎看準了人的需要，正是回應了心理學家馬斯洛（Maslow）提出人的需求（認為首先要滿足人類天生的需求，最終達成自我實現）。然而他們就是比家長更了解孩子的喜好。

如果家長期待孩子忽然開竅，立刻討厭打機，簡直是天方夜譚，不設實際。因為這不能解決孩子的根源問題。那麼，什麼是根源問題？

簡・麥戈尼格爾（Jane McGonigal）在《遊戲改變世界，讓現實更美好》（*Reality is Broken: Why Games Make Us Better and How They Can Change the World*）一書中，提出網絡遊戲的重要特性與吸引力。而這些特性正正是年輕人在今天的生活上，特別是單一只顧讀書的沉悶生活裏，難以獲取的動力。

目標：每個遊戲都有目標，目標包括遊戲既定的目標，例如要完成任務或者在危機中保存性命等。這一切都是很具體的成果。而且，遊戲更吸引人的地方是，玩家可以不斷調整他們的參與程度，可以按個人喜好進發。

相對學業，即使學習有具體目標，如成績或升級，可是很多年輕人都感覺所謂讀書的目標都是由成年人所訂，自己沒自主權，在社會現行的教育制度下難以自主控制。而什麼上大學、找好工這種「目標」又來得很遙遠及抽象，欠缺吸引力。

規則：規則是遊戲之中的限制，為了增加難度，限制玩家不那麼容易達成遊戲目標是最明顯的方法，藉此加添遊戲的刺激性和挑戰性，推動他們努力去探索前面未可知的空間。而且，一般遊戲的難度會不斷升級，目的讓玩家感到自己的能力也同樣有機會升級。

相對讀書，遊戲當然也有難度，有規則。在年輕人眼中，「挑戰」與「困難」是一線之差。他們容易覺得遊戲中的規則是「挑戰」，會努力嘗試去找方法和透過「練習」去克服；但感覺讀書中的規則是別人加給他們的「困難」，反而想逃避。可以説，香港普遍的教育制度比較少讓學生參與決定。在缺乏自主、低成就感、少鼓勵的情況下，年輕人寧願在遊戲中「升呢」(level)，一定比讀書滿分愉快。

回饋系統：簡單地説，遊戲的回饋系統就是「成果」，例如點數、級別、得分、進度等。回饋系統最基本和最簡單的形式，就是讓玩家認識到一個客觀結果：「到了 ____ 的時候，遊戲就會結束了。」對玩家而言，即時回饋是一種承諾，承諾可以給人安心和希望，給人有動力繼續玩下去。

現今年輕人普遍的希望感很低。首先，學生在學習上總有一種沒完沒了的感覺，究竟何時可以完成不斷累積的功課、操練和測驗考試？在強大的競爭氣氛下，他們也容易感到無助無奈。校內成績已經不易掌握，公開試制度更令學生感到很難觸摸。而且，年輕人感到要是這個遊戲不適合自己（例如不是自己所長），可以即時刪除轉換，但香港的教育程度相對單一，學生不易自主地説轉就轉，無從選擇自己喜好和所長的科目或學習。

自願參與：遊戲要求玩家了解並願意接受目標、規則、回饋，讓所有參加者都在同一基礎下，同時有任意參與和離開的自由。在這種環境下，玩家會有一種既有挑戰性，而又感到安全和愉快的氣氛。

如果今天你問一個年輕人：「你想上學和做功課測驗嗎？」相信大部分都會回答：「不想！」我們的確要思考我們的教育制度出了什麼問題，家長如何與年輕人共同協作有關讀書這回事。為何很多學生都感到上學是非自願的一件事？

心理學家契克森米哈賴（Mihaly Csikszentmihalyi）發現，為何人願意持續投入，是因為人需要完成事情後，得到內在的正向回饋，而非外在回饋如金錢名聲等。除了專注於事物與當下，還有一個很重要的條件就是：那件事必須**具有挑戰性**——要讓你覺得可以發揮自我能力，不能太過困難或簡單。如果挑戰太難，好比考試時很多題目不會回答，此時會讓人感到焦慮沮喪。

這種非常專注投入的狀態稱為「心流」（flow）。關鍵在於心流過後產生的正向情緒（enjoyment）。所謂沉迷打機，可以說成一種心流。

總結來說，**打機可以滿足年輕人本身需要的成長元素和體驗，例如：高風險（挑戰性）、智力、體力、團隊精神、創造力、探索性，及非常重要的重設性（即使輸了，仍然有機會）**。相反，學生在學業上，容易有挫敗感，而且落敗就感覺很難翻身，不似在打機上，一方面可以讓年輕人看到自己的進步、進度、位置（例如排名榜）；即使打機輸了，仍有重試機會，甚至有其他選擇。這就是「出路」，就是「安全感」。

試問，我們的孩子在今日的生活環境，有什麼地方可以同時給他們以上的體驗呢？換句話說，打機可以說是年輕人成長需要的「補償」。

3. 關係因素：無朋友

子俊自小目睹父母不和，內心對於衝突感到很大恐懼。而且，因為父親長期嚴厲管教，動不動就破口大罵，令子俊缺乏自信，經常感覺別人不喜歡他。在這樣的成長環境下，他變得很內斂、很被動。在學校不願跟同學建立關係，又不願參與課外活動。即使他想對人主動一點，但總覺得沒話可説。

子俊每天生活最重要的事是打機，所以機不離手。父母一直覺得子俊有小聰明，小學成績也不俗。但自從他迷上了打機，成績只徘徊在及格邊緣。有時，子俊也會着緊考試，因為他心裏都想考上大學。可是，父母總是看到他在打機，直到最後關頭才拿出課本溫習；初中仍可以勉強應付，但升上中四後，這種方法已經不奏效了。而且，父母跟子俊為了打機問題，關係變得愈來愈緊張，天天吵鬧。

拆解

打機與人際關係

很多人以為迷上打機的人很自閉，其實不然。**今天的網絡世界，打機不是一個人跟電腦對打，而是可以聯羣結隊一起打，彼此有交流、有溝通、有合作。**

或許家長認為這不過是虛擬關係而已，其實不是的。時代不同，現在的人際關係可以是線上線下無疆界。有時候，年輕人會跟認識的朋友或同學在網上打機，有時會跟不認識的；有時候會相約網上機友在線下交往，有時又不會。當然每個年輕人都有自己的標準和界線，但起碼與舊時代截然不同。

子俊因為成長的困難，所以不敢在人前交友，因為怕被拒絕，怕被排斥，怕被取笑。當然這些都是他自己幻想出來的。一旦投身網絡世界，他便可以換轉身分，變身成另一個人。沒有人知道他的過去和背景，甚至純粹以自己打機的成績去塑造一個較有自信的形象。

如果問子俊，究竟網上打機的朋友是否朋友。他會説他們可以是朋友，也可以不是朋友，不要以為他回答含糊，其實這正是網絡世界對友誼的新定義。他們彼此可以分享打機心得，也可以分享學校大小事、無聊話，甚至心底話，可説是沒界限的。有時，向一個不用面對面的人分享心事，更覺安全自在。

而且，網上聯絡朋友比現實容易。今天每個年輕人都很忙，沒時間約晤見面，反而網絡才是最方便的聚腳點。

子俊的父母一直沒發現真正問題，反而每天針對着子俊打機，指責他荒廢學習，其實不得要領，抓錯方向。當子俊再次感到不被明白，唯有更投入網絡世界。

打機有朋友？

認同感：年輕人需要認同。透過打機，可以得到認同，得到共同話題。正如你的朋友想跟你談論一個城中熱播的劇集，而你卻沒看過，你也會感到尷尬及「無癮」。

依靠：一個人沉溺一件事，事必有因。**有人對沉溺下了一個新定義，就是人際關係出問題，或者說人與人的連結出問題**。"The opposite of addiction is not sobriety. It is human connection."（Johann Hari, *Chasing the Scream: The First and Last Days of the War on Drugs*）。子俊因為人際關係出問題，轉而在網絡上找出路。任何沉溺大同小異，都是為孤寂的心靈找着依靠或依附（attachment）。

趣味：很多時候，年輕人都説因為悶，所以要打機。究竟什麼是悶？

悶可以分為不同層次。有一些悶純粹是無聊，無所事事，要找事做。另一種悶是感到手上的事務太刻板，沒意義，所以想找另一些事務去做，調劑一下。

而有一種悶是較為負面，就是人開始感到孤獨，沒人可接觸，沒人可連結。自己做了什麼，都沒人看見、肯定、分享、回應。誇張地説，叫天不應，叫地不聞。

打機，似乎可以同一時間滿足以上願望。當連上網路，年輕人可以找到千千萬萬種遊戲，千千萬萬不同的人，完全不愁寂寞。此外，學校的學習不能按喜好，不能按自己的能力隨便更換。但網上世界的遊戲就可以完全「度身訂做」。即使生厭，也可更換。

社交場所：成年人有時慨歎年輕人沒社交能力。其實網絡世界正是一個最易入門的社交場境。你可以扮成不同身分，找出志同道合的朋友，他們容許你有時犯錯，想說什麼就說什麼。同時，一個人較容易在網絡上收藏自己，或容易抽離逃跑，可是在現實世界不是說走就可以走。現實世界給年輕人太多責任。而過去的情感傷害，家長和朋友又未能容易洞察及治癒。網絡世界則相對是一個可療癒的地方。

生活模範：最後還要加上家長容易忽略的一點，就是年輕人在網絡或遊戲上能夠找到模範（role model），那些模範往往是一些打機高手，在網絡上分享心得；或一起同組打機的高手隊友。模範在年輕人心目中可以扮演很多角色，例如學習目標、欣賞對象、指導者、拯救者（如打機時的助力），甚至明白他們的人。原來父母沒做好榜樣，不再是他們心目中的偶像，他們會轉向在網絡世界找偶像。

4. 家庭互動因素：爸媽不愛我

智聰今年 17 歲。他的父親長期在國內工作，與家人關係疏離，智聰的母親美玲更懷疑丈夫在國內有第三者。最終，母親在智聰中三時選擇跟丈夫正式辦理離婚手續。可以說智聰一直生活在一個沒有父親的單親家庭。

同時，美玲失去丈夫的關愛，便將所有心思和關注都放在兒子身上，為要盡得兒子的愛。不過在這情況下，美玲對智聰特別遷就，每次見兒子打機，口中只會嘮叨幾句，之後見智聰沒反應，就不再堅持下去，為免爭執。久而久之，智聰再沒在意美玲的話，而美玲也失去了一份父母的權威。

其實美玲內心很矛盾，一方面當然感受到兒子失去父親而帶來內心的抑鬱，但又不想跟他硬碰，另一方面知道這樣下去，智聰只會愈來愈沉迷打機。

拆解

打機也是父母的事

以上例子說明父母在智聰打機的事情上，都有責任。父親沒理會，母親則太遷就。

美玲當然愛她的孩子，但不知道如何愛得合宜。說實在的，美玲未必不知道如何做，方法是有的，可是她內心的恐懼、無助和迷惘，令她在理智和感性上徘徊不定，面對兒子的反抗時變得軟弱，結果選擇「投降」，就是為了「保存」一種她以為是「良好的」關係。她已經失去了一段婚姻，再不想「失去」母子關係。

在智聰的角度，他初時只想試試母親的底線，看看她會否堅持。怎料，他發現只要稍為反抗，母親便會就範，當然他會變本加厲，肆無忌憚。再深入一點看，年輕人測試成年人底線，也反映他們想知道成年人的想法，想知道成年人如何看待他們。如果父母對他們太遷就，愛理不理，表面上孩子可能感到即時自由，但內心卻感到沒人真正關心他們。

家庭關係與打機

有關家庭關係，不論親子關係和夫婦關係都同樣重要，因為家庭是個系統。當夫婦關係出現問題，容易不自覺地把孩子捲入去，可能將更多夫妻間的張力、壓力轉嫁予孩子。相反，孩子問題也可能困擾父母親各一方，如果一方得不到另一方的支持，同樣也會增加壓力，轉嫁予孩子。

另外，家長可能太忙，沒空間跟孩子深入相處。又或家長也愛上了打機或用手機，成了孩子的壞榜樣。

這情況同時說明，如果家人缺乏關愛的關係，缺乏感情上的交流，所有親子方法或界線訂立，都只是空談。

先知先覺的父母

很多家長當然知道要了解這一代的年輕人。可是，孩子總是「十問九唔應」，或者叫家長不要理。家長如何知道孩子發生什麼事，從而對症下藥？

身為家長要學習「先知先覺」，才能先發制人。所謂先知先覺，包括洞察孩子，留意非言語的行為及加入聯想和估計。一旦孩子突然愛上打機，很大可能他已出現一些狀況，相信你會想知道發生什麼事。 以下是一些建議步驟：

1. **化敵為友**：先不要立即視網絡和遊戲為洪水猛獸，要先保持平靜心態，不要衝動説話，嘗試了解孩子在玩什麼。

2. **觀察掌握**：要了解孩子，必須細心觀察，靜心聆聽，用心思考。先了解當時的情況，加入過去你對孩子的認知才能判斷。以下是一些你可以了解的項目：

    - **性格**：以你對孩子一直的認識推斷，他是什麼性格的人，內向、外向；愛表達、難表達；對自己要求高、順其自然；較理性、較感性……

    - **階段轉變**：對年輕人而言，學習階段轉變對他們影響很大，例如準備小學升中、準備升高中、準備考大學或準備大學畢業。另外，家庭的轉變也很重要，例如搬家、父母離異、親人患病或離世及主要照顧者改變等……

- **人際關係情況**：有沒有知心朋友、拍拖或失戀、朋友離別、被排擠或被欺負等……

- **了解自己**：家長最常忽略的是自己。你會發現當對孩子開始因着學習或生活的緊張或焦慮，例如學習成績下滑、無端發脾氣等。這往往正是孩子可能出問題的預警。這時候家長先不要立即向孩子採取行動，而是開始放慢自己，放鬆心情，關懷孩子的情緒，嘗試了解多一點。

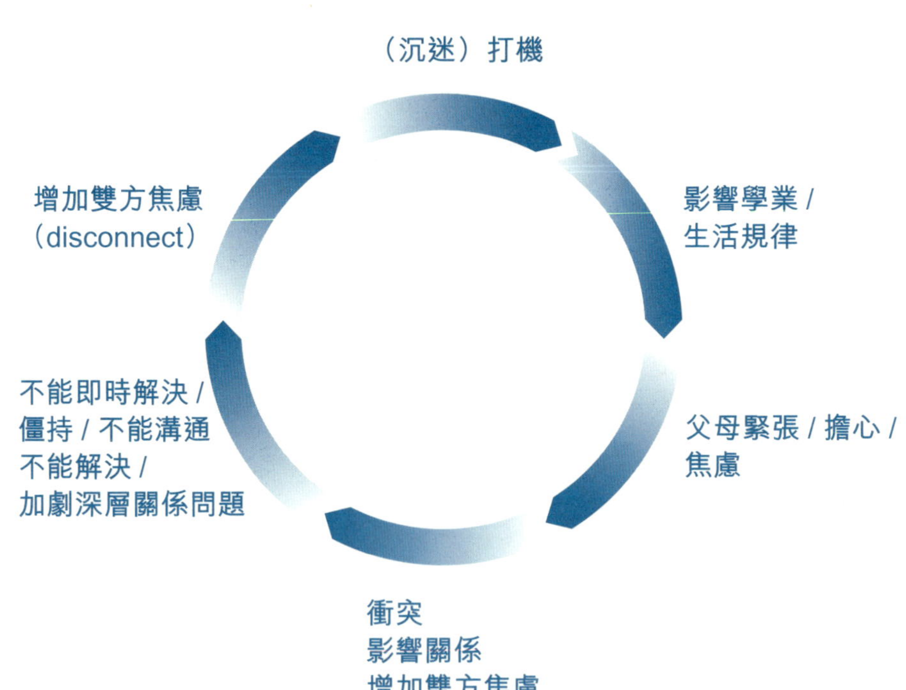

總結：我的孩子需要什麼？

在很多家長眼中，打機對子女有什麼影響？

- 抽離現實，逃避責任
- 自閉，不願與人真實交往
- 沒動力，沒大志，不上進
- 埋首打機，不願跟家人相處

但從上面的分析來看，打機帶來的，卻是完全相反的事：

- 舒緩年輕人生活壓力
- 獲得成功感及目標感
- 在網上更容易獲取友誼和幫助
- 打機可以把自己抽離家庭中的糾紛

為何家長跟孩子的想法大相逕庭，南轅北轍呢？很多時候，家長沒有站在孩子的位置去看，或者忽略了一些生活的細節，只集中火力在學習上和成績上。

打機是這一代人生活的一部分，也可以說是他們的「人生縮影」。家長無法破除一切代溝，但人與人之間的距離透過了解和體諒，是可以拉近的。

情感連結的起點是了解，特別是了解孩子的內心世界。以上有關打機的分析及青少年成長需要，正是給家長了解孩子的提示。

這時候，你要問自己：「我的孩子需要什麼？」

多問：「我可以為孩子做什麼去滿足這需要？」

放下：「我可以做什麼去停止我不想孩子做的事（如打機）？」

認識你的孩子

本章金句

親子的情感連結起點是了解，特別是了解孩子的內心世界。

練習：成為具反省力的父母

1. 家長也打機

打機有幾好玩？不如家長先試試去打機？或者在網上（如YouTube）查看孩子最近玩的是什麼遊戲？看看你感覺如何？設計吸引嗎？音效吸引嗎？你感到為什麼好玩？

2. 孩子發生什麼事

試找出你的孩子現時較多為什麼事而煩惱，不論大事小事。

先運用這一章對年輕人的分析及觀察法則。

如果未找到答案，可以向孩子說，你正在閱讀書本中的練習，想邀請孩子回答：「你現在感到最煩惱的事是什麼？」

3. 知己知彼

本章不斷重複四個字：知己知彼。家長要明白子女的個性能力和成長階段，同時要了解自己的期望、個性和情緒狀態。以下是一個簡單的清單，請你抽一點時間，坐下回想或想像你孩子和自己的特點，之後評估你對孩子和自己的認識程度有多少。這分數也可能代表你跟孩子的情感距離有多遠多近。

對孩子的認識（0 - 10 分）： ______________

對自己的認識（0 - 10 分）： ______________

了解子女的特質

- 性格
- 自制力
- 喜好
- 不足和渴望
- 人際關係

了解子女的情緒

- 打機前後的情緒
- 面對管制時的反應
- 衝突時的反應
- 衝突後的反應

同時了解你自己

- 性格
- 自制力
- 喜好
- 不足和渴望
- 生活習慣

了解你自己的情緒

- 子女打機前後的情緒
- 管制他們時你的反應
- 衝突時的反應
- 衝突後的反應

你對以上各項的了解程度滿意嗎？為什麼？

當你看以上清單，可能會有一種似懂非懂的感覺，好像在了解與不了解之間。這反映你可能缺乏生活空間去觀察和反思。我們忙碌到一個地步，已經忘卻了關心孩子和自己的情緒，只想衝、衝、衝，照管好自己的工作和家事，還有孩子的功課和考試。家長終日周旋於事務和管教，忽略了管教的核心，只會事倍功半，疲於奔命。

這是時候，請你檢視一下你的生活節奏。

2. 子女成長與教養信念

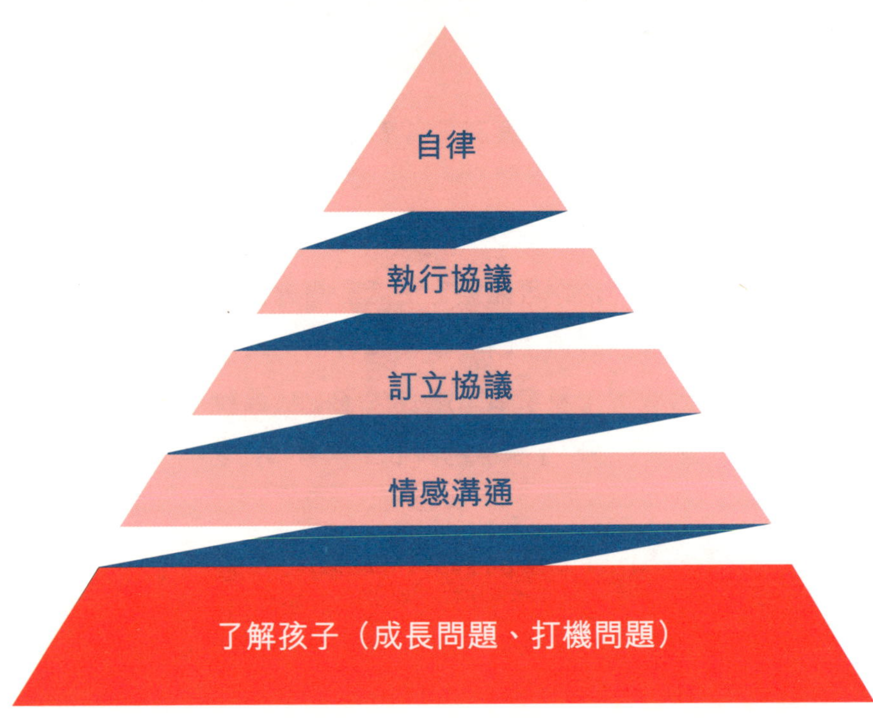

目標：

了解青少年子女的特性，有助掌握孩子的反應。

提示：

父母不要只着眼於眼前的問題，栽培孩子成為自律自愛的人才是教養的信念。

引言

了解過子女喜愛打機的原因，有助父母面對青少年子女的手機問題時，可以多一份明白。

然而有時最困擾你的不一定只是收機與否，而是子女的反應和表現。尤其子女常常不肯溝通，「十問九唔應」，還會對過度玩機表示沒問題，跟他們講道理又懶理，強行收機又怕破壞雙方關係，令父母束手無策。子女的不配合令父母大惑不解，繼而觸發對子女成長的一連串憂慮恐慌。

故此，這一部分則要探討青少年的特性，讓父母處理問題時，了解子女為何有某些反應；有助父母有效教養，並讓我們一起反思我們的教養信念。

不瞅不睬

小明升上中二後，幾次測驗考試的成績都未如理想。可是升上中三後，父母並未見到小明加緊學習，而是把愈來愈多時間放在打機上。他不但打到日夜顛倒，沒有節制，早上上學更會遲到，功課還草草了事，而且父母不催促的話，遲遲也不會去做。小明也不會主動提及學習的情況，父母每次追問，他也顯得不在乎。

課外活動方面，小明漸漸減少參與，以往參加的賽跑訓練和學琴都不肯再參加，週末也不會約朋友外出，寧願留在家裏打機。最近，小明曾提出要在假期與同學參加遊學團，父母也同意，可是他遲遲沒有遞交申請表格，父母多番催促不果，最後竟然過了截止日期！雖然如此，小明也滿不在乎，實在氣煞爸媽。

一次大測後，父母早已收到派卷的消息，回家看看小明動靜，卻見他一如既往，隻字不提，令父母更氣憤，便着他拿出測驗卷來，果然今次成績更差。

「看你拿什麼成績回來？早已說過你整天打機不肯溫習，成績一定不好，看！不是給我說中了嗎？」爸爸生氣地說。

「我溫習的時候你又沒有看到，只會指責我不溫習，你根本不信我！」

「你有溫習的話我為什麼會看不到？你就是沒有！我每次見到你都是在玩手機，課本讀了不足 10 分鐘就說自己已懂了。現

在這個測驗成績你如何抵賴？」

「我現在這個成績怎麼了，隔離小強成績比我更差！」

「你怎可這樣不思進取？自己能力不足還不將勤補拙？我不是因為你成績差而罵你，而是你不肯盡力！每天只懂打機什麼也不做，不但上學遲到，連自己說要去參加的活動也錯過了報名限期，看你就是這樣一事無成！最近還要驗出脊柱側彎等問題，還不是整天坐着打機弄成這樣子，要我們花錢去收拾這局面？」

「那你就不要理我吧！」

「你以為我好想理你，如果你做得好，還要我理嗎？你已經中三了，下學年就要選科，你自己也說要選理科，你現在這個成績如何入理科？入不到理科你的前途都毀了，還不懂着急，仍一味只顧打機！到底是不是這間學校的程度太高？如果真的跟不上，我替你轉校好了。」

「我不轉呀！」

「不轉又不讀你想怎樣？講又不聽，而且還古古惑惑，以為不拿測驗卷出來便可以瞞天過海嗎？你為何會變成這種品性？總之從今日開始，不准打機！」爸爸開始咆哮。

小明滿臉怒容，忽然一言不發衝入房中鎖上房門，任由爸爸在門外大聲責罵也不開門，爸爸大歎束手無策。

為何子女愈叫愈走

像上述例子，子女升中後學習情況不理想、以往參加的活動又無故退出、處理事情又拖延甩漏，卻又不讓父母跟進，還一臉不在乎，到底發生什麼事？

青少年父母感到最傷心的地方，就是自己明明盡心盡力教導，可是子女卻不領情，你有你講，他有他做，父母的付出，子女總是看不到。看着子女每況愈下，盡責的父母都不會放着不管。可是哄又哄過，罵又罵過，威逼利誘都做過，子女就是不聽勸，為人父母不禁問：

1. 為何子女不肯溝通？
2. 為何不肯面對問題？
3. 為何不肯盡力？
4. 子女會否失去動力？
5. 他們將來能否照顧自己？
6. 如何令子女有自制能力？

很多時父母並不單純關注子女打機，還擔心有否影響子女的學業、社交、做事態度、前途發展……等等，可是子女每每拒人於千里之外，叫父母難受。他們最擔心子女「唔識諗」，磋砣歲月，長大了才後悔莫及有什麼用？

到底要如何理解子女上述的表現呢？讓我們一一探討。

1. 為何子女不肯溝通？

獨立自主的發展任務——我要自己做

青少年階段的發展任務是獨立自主，子女會漸漸變得有主見，他們希望尋找自己的喜好，嘗試用自己的方式來學習及處理問題。因此，在這尋索的過程，學業成績會有變化、參加的活動會有改變，甚至朋友也會換了一批又一批。

要是父母希望他們做某些事情而不斷催促、追問、指責的話，反而會適得其反。他們就是不想跟隨父母的説話，不是因為父母的話有沒有道理，而是感到自己的自主性被干擾了，所以偏偏不想去做。

例如：

「早已説過你整天打機不肯溫習，一定考得不好，看！不是給我説中了嗎？」

「最近還要驗出脊柱側彎的問題，還不是打機打成這樣，要我們花錢去收拾這局面？」

父母説這些話的目的，往往不是故意為難子女，而是希望子女自我反省，改變過來。然而這些説話傳遞了一種「你沒有能力自己作決定」和「你總是招來麻煩」的信息，會令子女質疑自己獨立做決定的能力，亦會令子女遇到困難和挫敗時，不想告訴父母。

因此，**父母要轉向從促進子女的獨立自主發展方向入手，肯定子女想自行處理事情的意願，信任子女能做到，以增強子女的自我肯定**。在打機的事情上，就是引導子女思考如何平衡打機和學習，這樣，子女才願意跟父母溝通，也有助子女在成長過程中習得自主經驗，建立自信。

雖說獨立自主是青少年的成長發展任務，他們表面上好像什麼都不對父母說，但心底裏仍然很重視父母，也很需要父母的肯定。我們常在輔導室聽到青少年說：「我不是不想父母理我，而是不想他們這樣（嘮叨、責備）理我！」

子女是獨特的

試想想，你能放手讓子女自己去試、去闖、去受傷嗎？這對父母實在是一個挑戰，我們難以接受子女不受控，怕他們不知會遇上什麼。

然而，每個生命都是獨特的，每個人都要在人生路上尋找自己被造的價值，成為「他」自己。即使父母擔憂，卻無法代勞，更不能要求子女成為自己的延伸。反之，應在子女身上尋寶，肯定他們的獨特性，讓他們成就自己。

2. 為何不肯面對問題？

「隔離小強比我更差」，子女常常不願承認自己的問題，還表現得滿不在乎，根本不知自己的情況有多糟，令父母激氣又擔心。到底為什麼？

自我防衛機制

只要青少年智力正常，都會知道自己的表現如何，成績、評分和賽果等都能反映實況，同輩之間也不斷有比較，青少年是知道自己在進步還是落後。近5年關於本港青少年的情緒健康調查均顯示，青少年當中有抑鬱徵狀的都在40%至60%之間，而其中最大壓力來源是學習。整個社會大氣候是如此高競爭、高壓力，怎可能仍有悠然自得的青少年？

然而，要子女承認自己有問題，即是要他們承認自己的軟弱不足。青少年的自我價值仍在塑造階段，這時期對自我很敏感，一旦遇到困難排解不開，容易自我懷疑而感到羞愧。羞愧感是一種自我批評的狀態，就好像心裏有一把聲音指責自己不夠好、很沒用，羞愧感是很可怕難受的。為了不讓自己太恐懼，人便作出自我防衛的表現，如說「某某比自己更差」、「我有問題你也有問題」等否認的話，或者顯得滿不在乎。

爸媽要留意跟子女對話時，小心顧全他們的面子，別讓他們感到無地自容，引發自我防衛。很多時父母並非故意令子女難受，例如將他們與表現較好的同學或親戚作比較時，只是想激勵子女上進之心。但如果我們設身處地想想，你的上司把你同事比較，說出：「你看你的同事多醒目，你為何不學學他？」我們也不會感到受「激勵」，只會感到「激氣」。同樣道理，子女遇到比較、指責等，也只會感到自我價值遭貶低，只好以自我防衛保護自己。

當子女自我防衛時，父母不必太生氣，更不要強行迫子女承認自己有多糟，更應接納子女，保護他們的自我價值，例如告訴他：「無論表現如何，在爸媽眼中，你都是很好的。」「爸媽相信你有能力」等等，以化解他們的自我防衛，他們便能夠信任父母。

自我價值危機

良好的自我價值是心理健康重要的一環，這樣人便較能放下自我防衛，承認自己的困難和軟弱。然而環顧今天的青少年，有很多早早得到優秀的培訓和遊歷，十八般武藝，躋身名牌學校，然而心底卻仍是感到自己「不及人」，自我價值低落。這是什麼原因？

在高競爭、重比較的氛圍下，很多年輕人在成長過程中，只會把自我價值與能力表現掛鈎，導致難以接納自己可以有軟弱的一面。成績不好的，彷似貼上失敗者的名牌，自卑得很；成績好的，每天誠徨誠恐，害怕一天被擠出名次之外。成績變成撐起自我價值的唯一一根柱子，要是一天成績由好轉差的，自我價值瞬即崩塌。

父母當然想培育有能力、有好表現的子女，但別將自我價值與個人能力表現掛鈎。這樣只會使子女感到表現不好時，便不值得被愛。一旦能力不逮，就會令身邊的人失望，身邊的人都會輕視他，以致子女往往遇到困擾也不願求助。

培育敢於面對軟弱的子女

因此，若想子女能在自己面前放下防衛，就要注意自己會否過度關注子女的能力表現，使子女感到不能軟弱、跌倒或失敗。

每個人都應能從容接納自己的軟弱，相信自己是被愛、是有價值的，因為我們被造並不完美，但仍為創造主無條件所愛。**接納是表達對子女無條件的愛，是表達「就算你做得不夠好，我仍愛你」**。這樣，人的價值便與能力表現脫鈎。

3. 為何不肯盡力？

父母總是看到子女滑手機花費時間太多，溫習時間太少，有時隨便翻翻書，只看了十多分鐘，甚至一邊玩手機一邊溫習，也說自己溫好了，叫父母很難放心，不禁問：子女為何不能盡力些？

明白子女的壓力

學習的過程總不是一帆風順的，子女需要克服很多掙扎。他們有時會疲倦、因學不懂而焦慮、有壓力，感到挫敗。子女需要放鬆、需要克服抗拒的心態、因成績下跌而恐懼，甚至自卑不及人的心理。

突破機構曾對青少年的休息觀進行研究，發現青少年有倦怠（burnout）傾向，近四成半為應付學業或工作而身心俱疲，兩成半認為即使自己盡了力亦愈來愈難達到學習或工作要求。四成受訪者分別認為「未做哂嘢唔敢休息」、以及休閒玩樂後有內疚感。這種對休息有負面感覺而得不到真正休息的狀態，稱為「逆休息」，會減低休息對舒緩精神壓力的作用。此外，80% 青少年認為社會以成績或成就定義人的價值，研究指出，這類功能主義的人觀會顯著加強青少年得不到休息的狀態。

因此，很多時年輕人好像光是坐着滑手機，什麼都不願做，但心裏可能被壓力煎熬着。**父母需要明白子女的限制和需要，每次放下**

手機都不容易，都是他們努力克制的成果，值得被肯定。能夠對青少年有這樣的了解，才能協助子女克服生活上的困難。

明白自己的壓力

另一邊廂，父母對子女的學業也有焦慮，我們擔心子女有一日會鬆懈，於是腦裏常常有「只要他們願意花更多時間溫習，他的成績必定會更好」這種想法。這種焦慮會令我們對子女有很多要求，增加了他們的壓力，逃避的情況更嚴重，結果父母提出更多的要求，形成惡性循環。

故此，父母反而身先士卒為子女減壓，刻意製造放鬆的時間，不但會對子女的學習有良性影響，也讓子女感到「我父母是不同的」，產生更大的信任。

當父母主動關注子女的壓力，反而會聽到青少年很着緊自己的學業表現，害怕落後於人。因此，爸媽要明白，子女需要作息有時，也需要減壓。我們不是上帝，不會完美。接納自己的限制不是甘於怠懶，而是懂得放過自己。

4. 子女會否失去動力？

父母擔心子女會因只顧打機而失去動力，讓我們先想想：哪些人會為自己打算？哪些人是就算你為他安排最好的路，他也要走岔？

有動力的人具有良好自我價值

一個有自我價值、覺得自己是好的人，會為自己打算；一個自覺沒有價值的人，會認為自己不值得擁有好生活，就算你給他安排最好的，他也要一手弄垮。**只要在成長中得到無條件的接納、信任和肯定，能建立一個人的自我價值。**

自我價值（亦即自尊感）包括：

安全感：感到安全和被保護，能信任別人、依靠別人。

獨特感：認識自己是一個獨特的個體，接納自己的個性、角色、外表、興趣和專長。

聯繫感：有所屬的羣體，彼此聯繫，感到自己被羣體所接納、肯定和尊重。

使命感：感到有目標和動力，能訂立實際可行的目標，並願為自己的決定負責任。

能力感：能對自己完成一些重要的事而有成功感，認識自己的能力，也接納自己的弱點。

爸媽要留意在日常生活中，我們會否因為要求高而而難以肯定子女的優點。像上述的例子中，爸爸本想兒子努力學習，但說出來卻是「不思進取」、「不肯盡力」、「古古惑惑」……等等。要培養「識諗」的子女，父母切勿被緊張焦慮的情緒影響管教的優先次序，重新調校跟子女相處的着眼點，肯定子女的自我價值。

5. 他們將來能否照顧自己？

父母總是憂慮子女「他們再這樣打機，荒廢學業，會否沒有前途？他們將來能否照顧到自己？」一旦想到不能擔保子女將來生活衣食無憂、幸福美滿，父母便會陷入恐慌，對子女的現況抓得更緊，不容有失。然而這樣卻會令子女感到父母不信任自己，產生相處的困難。

管教的基礎是信任的關係。青少年常常對父母説的其中一句話，就是「你不信任我」，而父母常常回敬的一句話，就是「你不值得我信」，如果你跟子女常常出現這些對話，便反映了親子關係已進入不能互信的惡性循環中。缺乏信任，雙方便會進入防衛狀態，難以討論出什麼結果。

試想想，如果你不信任某個人，你不會想跟他討論自己的困難和軟弱，以免他知道後批評你的不足；要是面對你信任的人，你會較容易放下防衛，因為你知道他會接納你，你也會較相信就算他提出你需要改善的地方，也是為你好的。

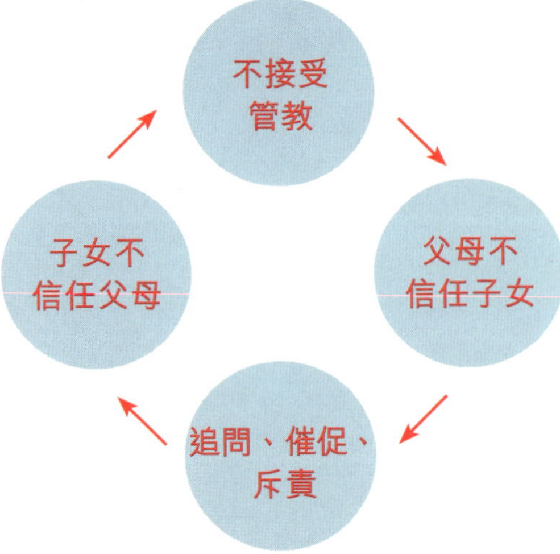

父母首先要踏出信任子女的第一步，讓子女放下防衛，願意與父母協商問題。

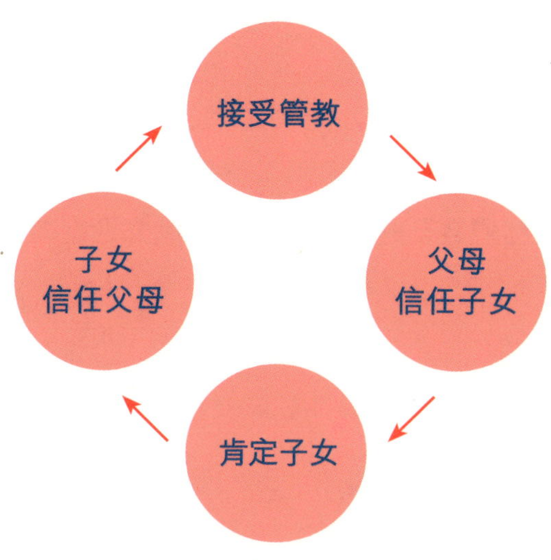

那麼是否子女做什麼都相信？

不是的，信任是指相信子女「性本善」，有良善的心、有美好的恩賜、有反思的能力、有上進的動力，也願意與父母配合；信任也是指相信子女未如理想時，是他們遇到困難，並非「古古惑惑」、「好食懶飛」；信任也是指只要順應子女的獨特個性發展，他必會對生命滿有熱誠，活出豐盛的人生。**對子女的信任，是管教的基礎，幫助我們調校與子女相處的着眼點，不會只看到子女的不足；而子女獲得父母信任，也會信任父母，坦誠相對。**

6. 如何令子女有自制能力？

如果只是強調信任子女、肯定子女，是否就不用理會他們過度玩手機嗎？當然不是，青少年的獨立自主發展有三個部分，包括自我認同（self identity）、獨立處事和掌握界線，**父母容許子女有更大的自由度去處理他們自己的事情，但也要設立適當的界線，讓子女培養自制能力。**

自制力是透過情感的傳遞和訂立界線來達成的。

情感的傳遞包括：

- 透過互信的關係，使青少年能與父母坦誠協商，不會你追我逐。
- 在互信關係下訂立雙方都同意的協議，彼此都得到聆聽。
- 在協商的過程中，子女經過思考，明白到協議的目的。

訂立界線包括：

- 協議包含雙方都同意的後果，子女也明白設立這些後果背後的精神。
- 父母言行一致，情緒平和又態度堅定地執行後果。

這些內容都會在下文詳述。

總結

總括而言，面對子女成長，當中涉及以下的管教信念：

1. 獨立自主

父母的管教，不單是為了處理子女眼前的問題，而是要幫助青少年達至「獨立自主」。因此，目的不在説服、改變子女，而是尊重和信任，透過協商幫助他們做負責任的決定。子女既然是獨立的個體，父母便要嘗試自我限制，容許他們不按父母的要求去做，找自己的路，即使可能是冤枉路。

2. 接納子女的軟弱

父母不再受自己的焦慮帶動，以致不斷要求子女，並向子女傳遞無論他們的能力表現如何，仍是被愛的，不會將子女的價值與能力表現掛鈎。

3. 愛是無條件卻有要求

培育子女自律，當中的管教既滿有情感交流，也能執行適當的界線，當中有「你」也有「我」。父母未必認同，但仍能理解子女所思所想，父母對子女的愛是無條件的，但仍有要求。

當我們抱持以上的信念，便會對子女的行為多一分理解，在管教時，也有方寸，知道如何見招拆招。

叫子女放下手機看似是一個行為問題，背後涉及的是子女的成長需要和對培育子女的信念，確實殊不簡單。因此處理過度使用手機/打機問題，目的不只是為了「收機做功課」，而是要培育青少年成為自愛自律的人。

本章金句

父母對子女的愛是無條件而有要求的，在這前提下，管教才能奏效。

練習：成為具反省力的父母

1. 小美中三時不斷補習，中四時如願入讀精英班，但卻要與相熟的同學分開，她感到同學好虛假，不願意與他們「埋堆」。不久，她與以前相熟的同學一起追星，回家後總是玩手機和睡覺，晚上才開始做功課；然後又一起追星至深夜，成績愈來愈差。父母認為是以前的同學帶壞了小美，不准小美與他們來往，小美非常生氣，不理睬父母。對於學業，小美表示不在乎，還希望 DSE 後能到韓國學韓文，將來做港韓通的 KOL。

試從青少年獨立自主的發展任務去理解小美的行為。父母可如何肯定小美獨立自主發展的需要？

____

____

____

如何理解小美對學業滿不在乎的態度？你認為升上精英班後，小美可能遇上什麼學習問題？

____

____

____

如何幫助小美？

____

____

____

2. 小敏升中後，終日留在自己的房間打機，什麼都不對父母說，功課也不肯給父母看。父母於是為他安排私人補習，小敏同意，卻常常借故失約。後來，父母發現小敏是跑到公園跟同學聯機。從小，父母一直安排小敏跟一些小學同學和家長定期聚會，升中後小敏出席這些聚會時卻只顧打機，令父母感到很可惜。暑假時，父母希望小敏有更多學習體會，於是安排他到朋友公司實習，小敏答應，可是上班三天後便頻頻告病假，父母發現原來他跟網上認識的一個女生約會。父母覺得小敏實在太懶散、太不長進，於是打算送他往海外升學。

試從青少年獨立自主的發展任務去理解小敏的行為。父母可如何肯定小敏獨立自主發展的需要？

____

____

____

答案：

1. (對青少年來説，得到認同及接納自己的朋友，是自我肯定的重要部分，因此切勿否定小美的朋友，反而要理解小美為什麼要選擇這些朋友。他們可能令小美感到真誠、或者可令她感到放鬆、不用競爭。)

   (從防衛機制去理解，升上精英班後，遇上很多強勁的對手，小美可能對自己產生懷疑，擔心未必能保持學業水平。要是自己全力追星，使人有種錯覺，不是自己能力不足，只是對學習未盡全力而已。可見，升上精英班後，小美可能面對較沉重的學習壓力，有可能驅使她延遲學習或做功課。)

   (小美到了晚上始終會把功課做妥，父母可嘗試了解孩子的想法、努力和付出，以肯定她的學習動力。父母肯定小美的自我價值，並助她調校對自己的期望，以減輕她的壓力。小美希望 DSE 後能到韓國學韓文，成為港韓通 KOL。由於小美已屆高中，父母可以陪她探討工作需要的條件，例如做 KOL 需要有生意眼光、自律、膽量……擴闊小美對工作的理解。在這情況下，協商作息和使用手機的時間，便是幫助她裝備自己，應付將來的工作。)

2. (踏入青少年期，孩子對學習、交友、戀愛和活動等都希望有自主，但小敏的父母似乎很少跟他溝通，只按個人意願替孩子解決問題，這樣往往遭到子女反抗。小敏雖不會激烈抵抗，卻是陽奉陰違，一直與父母較勁。

   父母可以尊重小敏獨立自主的需要，多與孩子溝通。打機似乎已是小敏生活的一部分，父母可以對小敏選擇的事表示興趣，持更開放的態度了解小敏的心態，以及與網友戀愛的經驗，不要加以批評，容許小敏坦誠表達自己的想法。)

CHAPTER 2

SCORE 20

第二步

我最唔中意你玩機——

情感傳遞的溝通

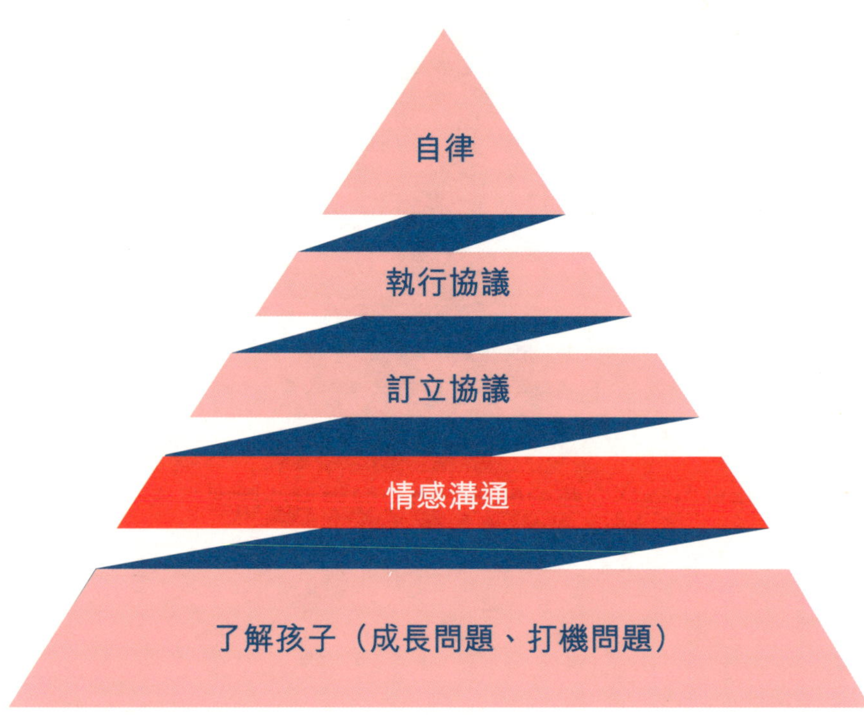

目標：

鞏固「同理心」與「我的訊息」的運用。

提示：

溝通在乎真誠的交流，在交流中，子女會更信任父母，亦學習變得更成熟自主。

引言

培育孩子的自制力，必須透過情感傳遞和訂立界線來達成。我們先認識情感的傳遞。

不少家長都有一個很大的困擾，就是明明當孩子年幼時，親子關係不錯，有傾有講；一旦他們成長了，對你就變得冷漠，甚至一言九「頂」，氣得你要死。以下是個真實例子：

母親發火：「你再不收（手）機，我就不理你，我要走了。」

小六的孩子不屑地反擊：「你要走就走吧！反正你一定會回來。」

母親立時啞口無言，哭笑不得。

家長面對以上情況，很多時候想向孩子發脾氣已無力，即使想爭拗下去，又怕不夠孩子口齒伶俐。那麼，父母就真是沒辦法，要投降？

有句話說得很對：「有了關係，一切就沒關係！」意思是當父母跟子女具備良好的關係基礎，再難商討的事，再難處理的衝突，都有機會化解。

但關係的核心不是純粹靠血緣關係，也不能單靠過去美好的時光，更不能威迫利誘。你會聽說關係建基於溝通，「溝通」這個詞語很空泛。很多家長都說自己有跟子女溝通，可是很多時候是溝而不通。溝通要貫通彼此的內心世界，就端賴感情的連繫。簡單地說，就是「我明白你，而你又明白我」。

「我明白你」其實是「同理心」，而「你明白我」是靠「我的訊息」去傳遞。

這一章要解明的是情感溝通乃是管教的入場券，讓溝通順利開展及不怕孩子關門。

「同理心」加強版

相信很多家長已經讀過前作《當子女説你好煩》第二章，也認識過有關同理心的技巧。基本資料可參考該書。以下是有關同理心的加強版。

首先重溫，什麼是同理心？同理心包括兩個部分：

1. 了解孩子的心情和想法
2. 讓孩子知道你「了解他的心情和想法」

很多家長認知的同理心只有第 1 部分。單是第 1 部分的溝通是不夠的，還是讓孩子以為你沒法明白他。可是，對家長來説，第 1 部分已經夠難，加上第 2 部分就難上加難。

同理心很重要，很有用，作用是：

1. 平穩對方情緒
2. 在強烈情緒底下，雙方仍然可以保持對話
3. 拉近雙方情感距離和關係

以上三點也是三步曲，由第一步逐步走到第三步。

把同理心放在子女愛打機的場景，是這樣表達：

「是你自己説要溫書，最後還是打機。」（非同理心）

「你説過想溫書，我見你已開始溫，但過了一會就轉去打機。我想這次考試給你很大壓力吧！」（同理心）

「打機就叻，讀書就不那麼叻！」（非同理心）

「我知道你打機的表現很好，反而讀書表現就落後。媽媽明白的，打機確實給你多一點成功感，是嗎？」（同理心）

「你嬲我收機我都不會理你，因為你打機已超過了時限。」（非同理心）

「我知你好嬲我不准你繼續打機，知道你仍想繼續打。」（同理心）

「這些朋友不跟你玩，你找其他朋友吧！」（非同理心）

「你的朋友不跟你打機，你覺得好失望，又擔心他們可能不喜歡你。」（同理心）

「不要嬲，我幫你罵哥哥！」（非同理心）

「哥哥不教你打機，又不跟你玩，你覺得哥哥對你不好。」（同理心）

掌握同理心的三個要訣

為了讓家長可以更容易掌握同理心，以下是三大進深要點和秘訣。

1. 情緒沒道理

同理心是為了應對情緒。談到情緒，我們必須確認一個事實，就是：情緒沒道理！

很多家長對我説，當面對孩子的問題，想運用同理心，卻往往變成教訓，正如上面例子，家長説了「你打機已過了時間」、「你找其他朋友」等批評或建議。事實上，批評、評論、意見、教導及理性分析統統不是同理心。同理心的「心」是指心情和心事。

家長要謹記，當你運用同理心時，要徹底地放下「講道理」，即使你有多對，孩子有多錯；你多有道理，他多是歪理。因為，同理心的作用是「平穩情緒」，令太高漲或太低沉的情緒可以恢復平穩。為何要平穩情緒？因為孩子情緒不穩，家長説什麼道理，孩子一點都聽不進。

聽到不准講道理，家長可能很擔心，同理心是否會令孩子得寸進尺？不會的，**同理心是講道理的先行步隊。家長運用同理心，會看到孩子情緒穩定，才能考慮可否這刻講道理或商量。**

例子：

母親：「你已經打機打了很久。」

孩子：「只不過打了一會兒。」（開始有情緒）

母親：「不是一會兒。」

孩子大叫：「我說一會兒就一會兒。」（情緒高漲）

母親：「我知道我要你停止打機，你很不高興。」（同理心）

孩子停止了大叫。

2. 同理心是連續不斷的對話

很多家長誤會了同理心只是「一招」，說了就奏效。家長要知道，人與人之間是互動的，不是三言兩語就能說服、對付或壓倒對方。當中，家長不能合上雙眼，閉上耳朵去溝通，相反**要盡用耳、用眼、用心去觀察和感受孩子的情緒起伏，然後轉換相應的同理心。這是個連續的過程。**

例子：

女兒：「我明天不想上學，你給我請假吧！」（情緒有點鼓噪）

母親：「無端端為何不想上學？」（母親很疑惑，也有點不悅）

女兒：「我不想就是不想！」（激動情緒升級）

母親：「不想都要有個原因，學校不能容讓學生隨便曠課。」（母親也開始有少許激動）

女兒：「我不想答你。」（激動到不想對話）

母親立時感覺不妥，如此下去，只會終止對話，於是想起同理心。

母親：「你覺得嬲？」（同理心）

孩子開始不作聲，代表她情緒開始降溫。

母親：「你覺得媽媽也在迫你上學？」（繼續運用同理心）

女兒：「就是，你們成日迫我。」（代表母親成功地與孩子的情緒接軌）

母親：「原來你覺得我們常常迫你。」（繼續運用同理心）

孩子輕輕點頭。（情緒再降溫）

母親：「那麼，你一定覺得不愉快，才不想上學。」（繼續運用同理心）

女兒繼續默然點頭。（情緒開始平伏多一些）

母親：「不如你慢慢跟媽媽說，發生什麼事，我們一起想辦法。」（可以開始探討問題所在）

女兒：「好的。」（願意接受較深入的對話）

3. 最簡易的同理心就是重複孩子的話

當孩子的情緒異常強烈，或者孩子的態度和說話已令家長氣得要死時，家長又怎會想起什麼同理心。加上，當家長都在生孩子的氣時，真的不想給對方同理心，好像在孩子面前認低威。

請記住：情緒沒道理！即使孩子有千般的錯，如果你想繼續對話和關係，就先要拋開說服和說教的意圖，先運用同理心，後講道理。

不過，當你腦海空白一片時，這時最能做就是：**重述孩子的話！**不要覺得重述別人的話就是無聊，當別人聽見你重述他的話，會產生一種感覺，覺得你有聽進他的話。

例子：

母親：「你可以幫幫忙，預備餐桌開飯嗎？」

小兒子：「你叫哥哥做吧！」（開始少許不滿）

母親：「哥哥在忙他的考試，你先幫忙，可以嗎？」（想向孩子解釋）

小兒子：「你成日都要求我，沒要求哥哥！」（不聽解釋，開始激動）

母親：「我哪有成日？你才是沒幫過忙，成日打機。」（也被激動起來）

小兒子：「你次次都話我沒幫，我就不幫。」（孩子更激動，拒絕對話和行動）

母親想起要運用同理心去平穩怒火，說：「你覺得我次次都話你沒幫。」（重複孩子的話）

孩子臭着臉，起碼沒有再進攻。

小兒子：「你次次都是這樣。」（稍稍下降聲調，但仍然不滿）

母親：「你覺得我次次都是這樣？」（重述孩子的話）

小兒子：「係！」（表示認同，稍稍降溫）

母親：「我次次都只是叫你，沒叫哥哥。」（重述孩子的話）

小兒子：「係！你偏心。」（表示認同，稍稍降溫）

母親：「你覺得我偏心。」（重述孩子的話）

小兒子：「係！」（表示認同，繼續降溫）

母親：「你覺得怎樣偏心？」（嘗試了解孩子的想法）

小兒子：「就是什麼都叫我做，欺負我。」（繼續降溫，願意回應）

母親：「你覺得我欺負你。」（重述孩子的話）

小兒子：「係！因為我最年幼。」（繼續降溫，願意回應）

母親：「你覺得我欺負你年幼。」（重述孩子的話）

小兒子：「係！」（繼續降溫）

母親這時侯情緒也平伏了，頭腦可以清醒一點，便詢問：「原來如此，即是覺得不公平？」

小兒子：「係！」（繼續降溫，願意回應）

母親：「好了，媽媽記得你討厭不公平。我今次記住是你幫忙，下次要哥哥，好嗎？你算幫媽媽。」（語氣態度也能溫和起來）

孩子雖然面帶不悅，但情緒似乎緩和，肯讓媽媽帶着去廚房拿桌布。

小結

同理心是技巧，也是態度。有技巧，沒態度，沒用。有態度，沒技巧，起碼靠運用「重複技巧」去暫時化解情緒。**態度，就是你願意先放下成見，放下恩怨，而先去站在對方角度，為了繼續對話，保持關係。**

「我的訊息」加強版

「同理心」是要別人知道你明白他，「我的訊息」就是要讓別人明白你。雙方彼此明白，才算有效和整全的溝通。請參考《當子女說你好煩》第三章。

「我的訊息」有三個特點：

1. 在特定的情景和孩子的特定行為（不涉及、不誇大過去或其他問題）

2. 你的感受（純粹感覺，不涉及你對孩子的評價和批評）

3. 你的期望（孩子不一定服從，但目的要孩子聽得進你的話）

例子：

「你玩手機玩了很久，現在幾點了？我覺得你不守信用，你捨得放下手機嗎？」（指責對方不守信用，不是感受）

「你沒有守諾言，已經玩手機超過半小時（1），我感覺再次失望（2），你可以守承諾放下手機嗎（3）？否則我更不開心（2）。」（符合「我的訊息」三個特點）

「你又丟失了八達通？你次次都是這樣，我覺得好麻煩，要花多少錢，你才會學懂？」（次次，好像斷定孩子永遠不會改，覺得好麻煩，可能令孩子感覺受批評）

「你是第二次丟失了八達通（1），我感覺很失望（2），希望你學會保護自己的財物（3），否則又要我補領我就感覺很勞累、很花時間（2）。」（我的訊息）

「我的訊息」三個要訣

為了讓家長可以更容易掌握好「我的訊息」，以下是三大進深要點和秘訣。

1. 家長了解自己的感受

很多家長回應我運用「我的訊息」時，遇上最大的困難是沒法了解自己的感受。中國人少表達感受，多表達意見。因此家長常將感受與意見、教導混淆。另一方面，即使要表達真正感受，例如憤怒和不滿，又怕會刺激孩子，激發孩子更激動的情緒。怎辦呢？

首先，掌握個人情緒的確不易，在跟孩子面對面電光火石之際，更不容易。因此，第一個法門是說：「唔開心」。這是最基本的。雖然「唔開心」比較表面，起碼沒攻擊性。

再進一步是，家長面對孩子問題時，大多感到不滿和憤怒。而憤怒（anger）的情緒只是表層情緒。憤怒情緒的底層包藏的是（程度不斷提升）：

- 忟憎（煩躁）
- 厭惡
- 挫敗
- 嫉妒

- 不滿
- 生氣
- 憤慨
- 激怒
- 暴躁
- 憎恨
- 發瘋

家長掌握自己的憤怒，也能評估個人當刻的理性思維及自制能力。**在缺乏理性思維及自制能力的情況下，家長最好叫停對話，先讓雙方冷靜**。(有關憤怒情緒管理，第四步會介紹)

憤怒情緒往往是用來保護比較脆弱的情緒，例如：恐懼害怕、擔心憂慮，或挫敗失望等。用作保護的，我們叫第二層情緒（secondary emotions），被保護的情緒，我們叫第一層情緒（primary emotions）。談到「我的訊息」，我們正要表達第一層情緒，才容易讓對方聽進去。因為第二層情緒是作保護防衛，帶有對抗性，會令「我的訊息」失效。

例子：

「我已經吩咐過你很多次，現在已經忍無可忍。」(忍無可忍是第二層情緒)

「我已經吩咐過你很多次，現在我真是好無力，覺得怎做都幫不到你。」(好無力是第一層情緒)

「你向我講粗口，真是很無禮，我現在很生氣。」（生氣是第二層情緒）

「你向我講粗口，對我很不尊重，我很生氣，但更傷心。」（傷心是第一層情緒）

2. 分清「我的訊息」和情緒勒索

有些家長學習「我的訊息」時，害怕自己會誤入情緒勒索的方向，利用情感去勒索孩子，最後傷害了孩子。

因此，我們要了解兩者的分別。我的訊息是讓對方了解自己的感受和想法，目的是促進有效溝通。

且看情緒勒索的定義，在《情緒勒索》一書中提到情緒勒索（emotional blackmail）是知名心理學家蘇珊．佛沃在《情緒勒索》一書中提出的概念：「情緒勒索者可能在有意識或無意識中，使用要求、威脅、施壓、沉默等直接或間接的『情緒』手段，讓被勒索者產生各種負面情緒……這些感受就會在被勒索者的內心發酵、造成傷害；為了減少這些不舒服的感受，因而順服對方要求。」（《情緒勒索：那些在伴侶、親子、職場間，最讓人窒息的相處》寶瓶文化，周慕姿著，31 頁）

由此可見，兩者僅僅相同的是：

1. 表達情感
2. 提出要求

可是，內涵和動機就截然不同。

情緒勒索	我的訊息
1. 引起對方不安、不愉快、內疚或羞恥感	1. 增加對方的同理心（即明白你）
2. 一言堂，不用對話	2. 目的是保持溝通
3. 想控制對方，做到你想達到的事	3. 提供有商有量的空間
4. 不給對方思考空間	4. 給予對方思考空間
5. 沒有界線，你的想法就是他的想法	5. 有界線，雙方可以各有想法，只不過彼此表達
6. 有時會用暗示、間接或語帶相關的語言	6. 會用直接清晰的表達

例子：

情緒勒索：「原本我很『錫』你，因為我以為你會聽我話。現在我後悔了，我再也管不到你。」

當中暗示：「如果你不聽我話，我就不再理你。」

我的訊息：「我見你這次一意孤行，不聽我話，我很灰心，因為我本是為你好。我希望你可否想一想，考慮我的意見？」

情緒勒索：「你再不聽我，我會向爸爸告發你，看爸爸如何對付你。」

當中暗示：「如果你不聽，我會使你受到更大傷害。」

我的訊息：「你再不聽我，我已經感覺沒辦法，而且很難過。我希望你留心聽我，令我覺得被尊重。」

正如上一點提到，家長面對孩子問題時，會有很多情緒，包括憤怒（第二層次）。**情緒勒索其實是利用暗示或間接手法去表達和掩飾憤怒。而「我的訊息」卻大多是表達第一層次的情緒。**

3. 要求最好要有意義

前兩點比較集中談及情緒。「我的訊息」當中其實包含你對孩子的要求和期望。

最令家長懊惱的是，如果你的要求符合孩子的喜好，你當然不用費唇舌。很多時候，你的要求正是孩子不想做的事。因此，我們要先檢視我們的要求是否合理？孩子是否有能力做到？孩子是否已盡了力？

所以，**家長表達期望時，不要單從家長角度，也要從對方的角度，例如為孩子好，為家人好。**

例子：

「如果你肯自動自覺收機，我會很開心你能自律，其實你都會感到滿足。」

「我希望你在婆婆家中，不要單單看手機，可以問候一下婆婆健康。她一向很疼你，不過很寂寞，你這樣做她會很高興。」

小結

「我的訊息」同樣是技巧，也是態度。這態度是為了保持對話，而非用權力和強勢去終止對話。管教，包括「管」與「教」。單單只是「管」，而沒機會去對話；或只是「教」，都沒效用。

「同理心」與「我的訊息」雙劍合璧

很多家長聽過這兩種技巧，也上過不少家長課。但我在臨牀工作或親子講座時，發現不少家長原來未能掌握，更以為兩項是兩個獨立、無關的技巧。事實上，它們可以雙劍合璧，聯合運作。這裏是三步曲：

技巧	對孩子的作用	溝通效果
1. 同理心	讓孩子知道你明白他	平伏情緒
2. 我的訊息 1	讓孩子知道你的感受	動之以情，連繫關係
3. 我的訊息 2	讓孩子知道你的立場	期望結果

以下是一個常見例子，我會加入大量解構，希望家長明白當中的心理狀況。

升上高中後，小明幾次測驗的成績都未如理想。可是，父母並沒有見到小明加緊學習，而是將更多時間放在打機上。小明不會主動提及學業，父母每次追問，他也顯得不在乎。

爸爸關注到這個情況，雖然心裏着急，但仍相信兒子期望做好，只是遇到困難，兒子不懂處理。他徵詢朋友的意見，嘗試代入兒子的處境，便想到兒子可能因為成績不好而感到自卑，想逃避壓力，更難以面對父母。**於是爸爸認為最重要的還是先建立兒子對父母的信任和對自己的信心，接納自己的限制，才能減低兒子承受的壓力**，願意與父母商討改善自己的處境。

有了基本信任關係後，某一次大測，父母早已收到派卷的消息，回家看看小明動靜，卻見他一如既往什麼也不說。

爸爸便對小明説：「小明，爸爸知道派了測驗卷。請給我看看，你知道我不是想教訓你（同理心），我純粹想知道你現在的學習情況。」

小明初時感到爸爸一定指責自己打機，不過始終避無可避，一輪拖延之後，拿出了測驗卷。

爸爸看了看測驗卷，成績並不理想，但先忍着不説打機問題（留意到對方的迴避情緒），説：「這份卷看來不易呢？（同理心）你覺得怎樣？（探問對方感受）」

小明説：「是呀！這份卷好難，我溫習了好久都不懂。」（感受到安全感，可以説實話）

想讓子女放下防衛，首先避免指責他們的不是，父母可使用「同理心」的手法，如上述「考試卷看來不易」比起「這份卷你做得差」容易接受得多。**父母可能會擔心同理心令子女只會諉過於人，其實不必太擔心，只須記着最後我們仍會引導子女面對自己的責任便可。**

爸爸雖然不見得小明溫習了好久，但選擇不與他爭論，而是嘗試明白小明的限制和肯定他的付出。

爸爸説：「我見你花時間溫習，上了高中，功課就是愈來愈深的。我見你的功課都不容易做，但你卻很想完成，有時早上特意早起來做呢！（同理心）雖然爸爸今次看了成績有少少比預期失望（我的訊息 1），但你可能都感到失望。（同理心）。爸爸不想你用打機去逃避困難。（我的訊息 2）」

小明開始感到壓力，反抗起來：「我沒有逃避！」

爸爸明白他的壓力：「我沒有指責你逃避。我們不想做一件事，都往往找其他事去做。（同理心）慢慢來吧！」

小明的壓力又出來了：「不可以慢慢來的，你一慢下來，其他同學便趕過你，一定要不斷追。」（孩子有憂慮情緒）

父母聽到子女這樣説，可能便會很高興，着子女快快溫習去。然而，如上文所提，這只是子女遵從社會的價值觀，未必是他們經過自己思考的選擇，否則不會「意見接受，行動照舊」。所以，**父母這時候可嘗試退讓一步，給子女多些思考空間，主導自己的人生**。

爸爸可以説：「原來你心裏那麼着緊學習（同理心）。你覺得學習對你的重要性在那裏？（引導子女思考）」

小明：「要 DSE 考得好，入到大學，否則人生便玩完了！」（説出內心恐懼）

爸爸：「你同意嗎？」（引導子女思考）

小明：「人人都是這樣說的，否則同學也不用如此努力啦！」（說出內心恐懼）

爸爸：「那麼會否很大壓力？好像一局定生死，又要常常追成績。」（同理心）

小明：「也沒什麼，習慣了。」（不想正面回答，可能怕家人擔心，又可能覺得別人都幫不上忙）

很多時父母會對子女的說話感到疑惑，因為他們常有以上的情況，嘴上說學習如何如何重要，但未見行動配合。當中最主要原因是壓力。壓力太大會令人產生抗拒的舉動，但這往往發生在潛意識層面，當事人並不知道，故此潛意識的行動和有意識的言談並不一致。在這情況下，很多青少年需要花很大力量與壓力抗衡，同時又要學習，因此非常辛苦。**父母可以做的是，讓子女意識到自己的壓力，共同面對它。**

因此，爸爸見小明不停打機，意識到他也許感到不少壓力，但小明既然否認，也不必爭論，只需繼續肯定小明。

爸爸說：「小明，爸爸知道你是想做好的（同理心），我們一定會支持你，為你打氣。在這個情況下，有兩件事我們要留意，第一是學習壓力，壓力太大會影響學習表現和身體健康，也會感到不開心；第二是時間的管理，如果時間安排不善，令自己不夠時間溫習和做功課，也會產生壓力。你同意嗎？」

有時父母會失望，因為子女未必每次給你滿意的回應，甚至未必同意你所說的。記得上一章提過的「尊重子女自主性」嗎？自主的意思是，我們尊重子女是獨立個體，明白溝通的目的，不是要控制他們接受家長的想法。

但**溝通在乎真誠的交流，在交流中子女會更信任父母，亦經歷到一段自主思考的過程**。透過這個過程，子女更願意思考自己的生活方式，亦願意開放自己，與父母站在同一陣線上商討對策。

子女可能會對你說，就算不打機，那些時間也不會溫習云云，那如何是好？記得第一章提過，在成長中欠缺自信、人際關係較差和壓力較大的孩子較易沉迷打機，所以就算不打機，這些問題都不會立即迎刃而解。可是打機讓人避開問題不理，挪走打機這掩護，人便無處可避了。然而當困難活生生的擺在眼前，心裏的困擾豈不更大？所以爸媽要有心理準備陪子女走這一段成長的路，而在困難軟弱中掙扎的子女，少不免會一直吵吵嚷嚷要求父母給他們這道掩護。

家長也成長

在玩手機的事上，家長在對話中往往處於下風。當家長有理時，孩子會鼓噪。當孩子有理時，更得寸進尺。因此，家長感到說什麼都失效。

請記得，生活的事離不開情緒，衝突更離不開情緒。所以，情感的溝通比說教的溝通更有效對應孩子的反動。情緒平穩了，孩子也能打開耳朵聽你說。

我們平日少用「同理心」和「我的訊息」。不要以為它們是面對孩子的技巧，其實它們是人際交往之道。當你平日面對配偶、家人、同事都常常運用，一定容易得心應手。

同理心也關乎性格。有些人性格比較感性或傾向了解他人，有些人卻比較自我，有些人比較理性。什麼性格都沒問題，但每個人都要成長。成長的意思是擴展自己的領域，讓自己成為一個比較多面及多元的人，不要被固有性格約束，失去彈性。

一個非常感性的人，要學習冷靜和理性一點；一個非常理性的人，也要學習多帶點感情，對人多一份體諒。如何改善性格？就是透過自我反省，以及平日操練。

本章金句

情感的溝通比說教的溝通更有效對應孩子的反動。

練習：成為具反省力的爸媽

1. 同理心練習與觀察

這一、兩個星期，嘗試向以下不同的人運用同理心，用「你覺得……」作開始。之後觀察他們的反應，包括神情、語氣、説話或態度。運用同理心的處境不一定是衝突，即使是愉快的事，平常的事都可以。例如：「你覺得很開心」、「你覺得傷心」、「你覺得很失望」、「你覺得很嬲」等。

孩子：

發生什麼事件：________________

你説了什麼：________________

孩子有什麼反應：________________

配偶：

發生什麼事件：________________

你説了什麼：________________

配偶有什麼反應：________________

其他家人：

發生什麼事件：________________

你説了什麼：________________

家人有什麼反應：________________

朋友或同事：

發生什麼事件：______________________________

你說了什麼：______________________________

朋友或同事有什麼反應：______________________________

總的而言，你發覺運用同理心，跟沒運用同理心下，你與他們這次交流有分別嗎？

2.「同理心」與「我的訊息」並用的「天龍八步」

當你面對孩子的狀況，不一定有關打機，最好先找個比較易解決和管教的狀況。之後運用以下步驟去處理：

步驟 1： 先不去處理問題，反而讓孩子說出他的感受；

步驟 2： 運用同理心（例如重述他有關感受的說話）；

步驟 3： 感受孩子的情緒是否比之前平穩，一旦未平穩，繼續步驟 1 和 2；

步驟 4： 邀請孩子聆聽家長分享感受；要是孩子拒絕，重複步驟 1 和 2；

步驟 5： 向孩子分享你的感受。記住，是感受（例如：沮喪、失望、難過、快樂、滿意、高興等）而不是想法；

步驟 6：和孩子一起想辦法，集思廣益，把所有方法寫下，暫時不立即評論；

步驟 7：先請孩子逐一評論各選項的利與弊；

步驟 8：家長作出引導和提示，態度要有商有量；

（錦囊：一旦孩子情緒反復，繼續運用同理心，重複步驟 1 和 2）

反思：將這件事記錄下來，細心評價自己的表達和孩子的反應，跟平日有分別嗎？困難在哪裏？哪個步驟最難？為什麼？

CHAPTER 3　　SCORE 30

第三步

可以玩幾耐？——訂立協議

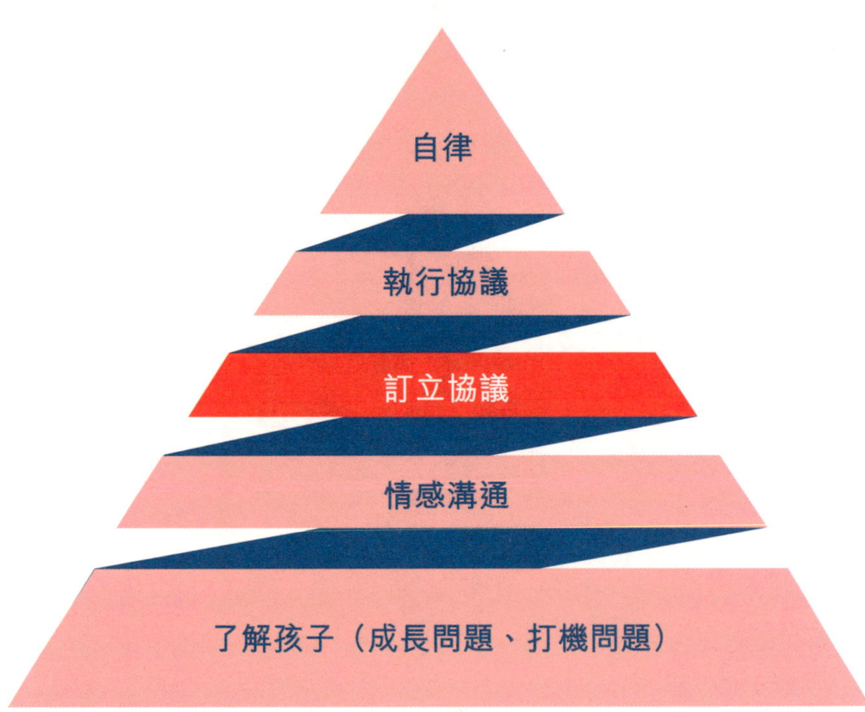

目標：

透過討論，訂立使用電子產品的具體可行協議。

提示：

訂立過程是親子間彼此明白的過程，也讓孩子學會自己做負責任的決定。

引言

在管教的五步，訂立協議是邀請雙方一起參與的過程。對青少年子女而言，是一種平起平坐、討價還價的「成人感」。沒有協議而只有執行界線，會令青少年感到自主空間被侵犯，引來強烈的反抗。

訂立協議是透過討論，讓彼此明白對方的需要和關注，讓子女經過自己的思考，明白約束的原因，能為自己做負責任的決定。**所以協議是一個親子合作，為大家共同好處而努力的過程，而不是我贏你輸的角力。**子女透過協議過程的討論，並父母貫徹執行協議的體驗，學會協調外界的要求和個人需要，懂得自我約束，達到自律的效果。

跟青少年訂立協議？不可能的！

然而談到跟青少年訂立協議，不少父母的第一個反應是：不可能的！當子女是小學生時還可以，可是上了中學以後，子女根本不會理睬你！

這確是青少年父母的苦況，尤其在中二至中三這個階段，父母像被視作仇人，子女處處對着幹！這個階段要不大家都不說話，要不爭執收場！

但若因此放棄協議，期望子女適可而止，只是一廂情願；對青少年而言，也缺乏了界線的教導。有很多青少年在無管束的狀況下升上高中，身心社交各方面都欠缺發展，看到自己各方面都脫節，更沉醉打機。父母縱然憂心忡忡，可是子女已經歷數年自由自在的生活，要再重新施行管教豈不更難？

協議背後的目的——了解青少年的均衡發展

在訂立協議之前，父母對於給予子女使用手機多久要有一個預算。不要讓子女以為父母不過是關心一次半次玩手機的影響。到底，家長擔心的不只是影響學業，也顧慮到有否影響子女其他方面的發展。那麼，青少年健康發展應包括什麼範疇呢？若要發展這些範疇，子女應參與什麼活動？由此便可思考子女應如何分配時間。

綜合一些研究指出，青少年應具有以下各方面的均衡發展：

- 自我價值：認識自己的志趣專長
- 人際關係：包括與同伴和成人的相處
- 價值觀：透過獨立思考建立個人價值觀
- 建立能力：智力、情緒、體能和技能
- 盼望：享受生命的樂趣、關懷世界、靈性發展、對將來存盼望

有了以上的藍圖，我們便可以進一步判斷子女日常應有什麼活動才達到均衡發展：

現實生活是，佔青少年生活大部分的是上學、做功課、補習、訓練和比賽（而非讓人放鬆和享受生命的活動），最後加上手機，實在無均衡可言。只有學習和訓練即是排擠了子女其他的發展。**雖然家長不能改變教育的大環境，但我們卻可以讓子女知道，休息是允許的，從事休閒活動也非罪過，讓子女能真正放鬆。**

在這幅圖畫之中，玩手機 / 電子產品屬於什麼活動呢？手機具備學習、社交、娛樂和休息的功能，甚至進行大量志趣的發展。

有了這個基礎，父母大概可掌握子女一天應怎樣分配時間，可使用手機的時間和進行什麼活動。但請留意，以上分析只是幫助我們認識子女的均衡發展，而不是替他們規劃生活。**我們可以與子女商討溝通均衡發展的需要是什麼，但仍應讓子女更多機會自主規劃他們的生活。**

與子女商談均衡成長發展

反面例子

秀智自小個性安靜，喜愛獨處，父母擔心她缺乏羣體生活，於是經常為她安排活動。自從秀智有了手機後，她躲在房間的時間更多了，可以整天不發一言。一天，她向父母提出減少課外活動，除了不再參加女童軍外，還希望停止合唱團。父母十分關注是否手機對女兒的日常生活造成影響。

爸爸：「秀智，你知道我們為什麼要你參加女童軍和合唱團嗎？就是因為你太文靜了，不擅社交，自從有了手機後，每天待在房裏不知搞什麼，放假也不會約同學外出。連每次見家長，老師也是説你太靜。如果退出這些羣體活動，恐怕你一天到晚都在家裏用手機不願見人，那還得了？」

秀智：「……但是我真的不想參加。」

爸爸：「你不想參加，有什麼好理由嗎？」

秀智：「……」

爸爸：「看！你就是這樣，連一句回應都這麼艱難，將來應對別人豈不吃虧嗎？」（指出缺點，損害自我價值）

秀智：「……我覺得有些辛苦。」

爸爸：「有什麼不辛苦呢？辛苦是一種磨練，可以令人更堅強。其實現在的辛苦與將來工作的世界簡直沒得比，如果連這些也應付不來，將來怎能應付難度更高的挑戰？」（否定感受）

秀智：「……」

爸爸：「所以說，爸爸是為你好。做人必須學懂social，你這樣下去的話，將來不懂搞好人脈怎麼辦？

秀智：「……」

爸爸：「聽爸爸的話，繼續參加活動，多些外出，放膽說話，以後少玩手機了。」

秀智心想：「我總是沒有好理由去說服人，以後也不知要說什麼了。」

爸爸關注女兒的社交發展，處處為她的人際相處能力着想，希望女兒將來不會吃虧。可是，爸爸單方面的要求並不構成「協議」，對話中忽略了聆聽女兒的心聲，反而窒礙女兒的自我表達能力，更影響人際相處。而直接指出女兒缺點和否定感受，也會令她產生自我懷疑，不利改善弱點，也打擊子女的自我價值。其實社交能力不只靠活動來建立，與父母相處時的親身體驗更有影響力。

正面示範

爸爸：「秀智，我聽到你想退出女童軍和合唱團。我很高興你向我們提出自己的想法，讓我們了解你更多。（肯定女兒的自我表達）可否知道你想退出的原因，讓我更了解你？（探索原因）」

秀智：「……我不想參加了，有些辛苦。」

爸爸：「秀智，我聽到你說感到辛苦，相信你一定堅持了很久才想退出。（肯定子女的付出）可否告訴我，辛苦是因為活動太難、抑或是參加太多項活動，還是其他原因呢？」（繼續探索原因）

秀智：「……我覺得面對太多人，太多時間外出。」

爸爸：「明白了，爸爸知道你喜愛安靜，要應付太多人的話一定太辛苦了。（同理心）相信你也明白爸媽替你安排女童軍和合唱團的原因，是希望你能有更多羣體生活，學習與人相處。（我的訊息）如果全部退出的話，我擔心你會缺乏人際相處的機會。你試想想，如果你愈來愈少與朋友相處，慢慢便會覺得大家話題不同，經歷又不同，令你覺得難以投入了。爸爸不想你面對這種困境，才鼓勵你維持羣體生活。不過你也可以有你的想法，你覺得呢？」（探索子女的想法）

秀智：「……好吧。」

爸媽這時候要鑒貌辨色，如果子女嘴上說好卻面有難色，那可能只是不欲再爭論而非心悅誠服，這樣並未達至真誠的溝通。爸媽可鼓勵子女更多表達。

爸爸：「我們不是要求你一定要繼續參加活動，你也可以有你的想法。我們一起想想怎樣維持羣體生活，卻不會令你吃不消好嗎？」

秀智：「⋯⋯其實面對一大堆人，我會覺得更難相處，說一句話也會有很多對眼睛盯着自己，好可怕⋯⋯我覺得只跟幾個朋友談天說地，反而更輕鬆。」

爸爸：「原來如此，面對一大堆人確實容易有壓力。(同理心)那麼如果退出活動，你會有更多時間跟朋友相處是嗎？你會約她們出來玩嗎？」(探索子女的想法)

秀智：「可以的⋯⋯其實現在手機已可以知道大家的動態，也不用經常約出來。」

爸爸：「這也是的，現在你們的生活方式的確很不同，手機也能維繫朋友。爸媽對於你的成長發展有一個想法，除了與人相處之外，我們也關心你興趣專長、學業的發展，也要運動和擴闊眼界等。(分享均衡成長的概念)如果全部退出，這些發展便停頓了。會否有合適的代替呢？」(我的訊息)

秀智：「其實我也喜歡唱歌，但不喜歡合唱團那麼多人。上個月我跟同學去了青少年中心看表演，社工問我有沒有興趣參加樂隊，我覺得可以試試。運動方面，有同學在學跳舞，我

也想試試。青少年中心也有一些交流團等，我也可以跟同學一起參加，交流團雖然人多，但是時間較短，我覺得可以挺過去。」

爸爸：「聽起來很好玩的，還有同學一起去，而且也願意嘗試一些人多的挑戰，看到你很努力呢！（肯定意念和付出）原來你已懂得替自己計劃，怎麼沒有聽你提過？」

秀智：「我覺得這些活動好像不及女童軍和合唱團好，好像沒好的理由說服人。」

爸爸：「只要你有興趣，已是一個好理由，能順應個性發展，這樣才能享受其中，感到有動力。（肯定個性和動力）但也希望你積極參與，努力練習，好嗎？不過一次過太多變動的話，我擔心你能否適應。不如先退出一項，待參加樂隊穩定了再退出另一項，你覺得可行嗎？」

秀智笑起來：「真的可以退嗎？先退一項我已頓時輕鬆很多！」

爸爸：「秀智，今天你跟爸爸談了很多話，爸爸真的很高興，之後能跟我分享參加樂隊的經驗嗎？」

以上的對話中，爸爸接納女兒的限制，肯定女兒的個性，並欣賞女兒的意念和付出，着眼於建立女兒的自我價值。爸爸也接納女兒順應自己的步伐突破限制，幫助她一步步適應羣體生活，發展她的社交能力。過程中女兒經歷被爸爸接納、信任和肯定，對自我表達更有信心。

協議內容

如果父母沒有想清楚自己的立場和底線，協議不夠具體，會給子女機會鑽空子。訂立協議首要是內容切勿含糊，要具體清晰、可量度、可以檢討成效，包括「協議項目」，還要訂明未能履行協議需要面對的「後果」。而後果是子女重視的事項，需要付出代價的，例如是不能用機的時限。

何謂具體清晰的協議？

以「用機時間」的協議為例：

「你不要玩機太久，要適可而止。」（項目不清晰，究竟多久為之太久？）

「你如果沒有遵守協議，便有排不能玩。」（後果不清晰，「有排」即多久？）

「你如果沒有遵守協議，今次便不能跟我們去旅行。」

子女心想：「好啊！那麼我可以一直留在家中打機了！」（子女並不需要付出代價）

以上是不清晰或不恰當的協議，執行起來會帶來很多爭拗，或許未能有效執行。

具體而清晰的要求是：

「週日每天完成功課和溫書後，可以用手機一小時，週末可隨身，但每天晚上 11 時過後不可使用手機。（協議項目）如果未能遵守協議，翌日便要停機一天。（後果）」

如果子女不願跟你討論協議：重複法

父母與子女訂立協議後，總會以為子女不理會，自己就束手無策，很被動。其實有種方式叫：積極性的等待。秀賢自從有了手機，吃飯上街坐車也在打機，吃飯時不但不理睬家人，有次甚至打得不為意，衝了紅燈，被迎來的車輛響號才懂得避開。

媽媽覺得秀賢玩得太多了，於是趁秀賢走出房間，提出要求。

媽媽：「秀賢，打機應該適可而止，你現在無止境地打，還差點遇到意外，令我十分擔心，我看我們要協議打機的時限了。」（我的訊息）

秀賢一邊走進洗手間，一邊說：「得啦得啦！」

媽媽：「請你暫時不要玩手機，我們等一下商量用機時間。」（重複法）

秀賢沒有回應。待他從洗手間出來，雙眼已緊盯着手機，雙手也忙着打機。

媽媽：「如果你現在仍不放下手機，我就要盯着你，等你玩完這局之後，跟你討論用機時間了。」（重複法）

秀賢：「你做什麼？別跟着我。」

媽媽：「好了，我會等你玩完這局之後，跟你討論用機時間了。」（重複法）

以上的例子並不是要父母嘗試控制子女，因為親子相處的基礎，是信任而相親的關係，並非控制，這個例子是想說明，子女之所以不理睬父母，是感應到父母「無法堅持」。

另一個極端，是父母面對子女不願合作，只能啞忍，到忍無可忍時便已冒火三丈，禁不住大罵，破壞了親子關係又傷心萬分。到了下次，再不敢要求子女合作。

以上的例子，媽媽使用了「我的訊息」和「重複法」。**「我的訊息」傳達父母的關注和感受，重複法是重複表達相同或大致相同的說話，令對方感受到這是你堅持要表達的訊息。**

「重複法」的好處是：

- 讓同一個訊息給子女接收到，而且簡短不嚕嗦；
- 父母不用大費周章、滔滔不絕地解釋、爭辯，可避免情緒升溫，達到控制自己情緒的目的。我們並不能控制子女的情緒，但至少能控制自己的情緒，令彼此的情緒互動不會升溫。
- 父母傳遞既冷靜又堅定不放棄的態度，「堅定」是最有效讓子女明白需要重視父母的要求。很多時候子女不理會父母，是因為心知就算父母會暴跳如雷，卻不怎麼堅定，發怒過後便沒有後着。

訂立協議的 5 個步驟

當雙方都願意坐下來，開心見誠互相聆聽，便可以討論協議了，共有 5 個步驟：

1. 提出關注的問題
2. 互相聆聽對方的感受和想法
3. 找出雙方的共同好處
4. 制訂雙方同意的協議
5. 確定子女明白協議目的

父母請記得，無論你在工作中如何強於解決問題，效率超卓，與子女協議時也要限制自己的能力，因為管教青少年的目的之一，是協助他們獨立自主。因此父母不要忙於給予太多建議，或是喋喋不休進行演説，儘量言簡意賅，引導子女提出解決的方案。

1. 提出關注的問題

反面例子

最近，梓暉使用手機的時間愈來愈長，每日一邊做功課一邊應機，多天做功課至深夜，令爸媽擔憂。

爸爸：「用手機要適可而止，以後不要一邊做功課一邊應機了，好不專心！」

梓暉：「哦。」

過了幾天，爸爸仍見到梓暉一邊做功課一邊應機。

爸爸生氣地説：「梓暉，不是叫你要適可而止，不要一邊做功課一邊應機了嗎？」

梓暉也生氣了：「我已經少看了 YouTube，也沒有邊做功課邊應機，剛剛做完一份功課才看了兩眼，就給你看到！」

爸爸想了想，為何每次見到都是剛剛好？到底真不真？如果懷疑兒子的話又説我不信他，但我的確次次都見到……苦苦思索良久，都不知怎辦？

以上的協議方式，只是爸爸單方面協議，內容也不具體，只有大原則，故對雙方的理解和執行都帶來不少爭議。

2. 互相聆聽對方的感受和想法

正面示範

爸爸：「梓暉，我們見到你最近常一邊用手機一邊做功課，而且多次做到深夜，擔心你身體健康。故希望跟你談談你的用手機習慣。」（我的訊息）

梓暉：「根本不關事，是老師最近發了瘋，給我們大量功課，都不知是誰得罪了他！」

爸爸：「原來如此，難怪你做到三更半夜。（信任子女）功課這麼多，感到有壓力嗎？」

梓暉：「有又如何？沒有又如何？有沒有壓力都要做，你又不能幫到我。」

爸爸：「你覺得都無得揀，沒有人能幫到你。」（同理心）

梓暉：「不是嗎？所以說來有何用？真是的，瘋了！」

爸爸：「感到你的辛苦，最近你每晚都做得好夜。（同理心）可否給我看看你的功課，如果份量真的太多，要一起想想法子。你相信爸爸會幫你嗎？」

梓暉：「信的，但我自己可以解決啦。」

爸爸：「是的，你已長大，有能力解決。（肯定子女獨立自主的需要）我關注的是你不能幾個晚上都沒睡。梓暉，你知道嗎？一邊用手機一邊做功課難度是很高的，因為手機真的很吸引，令人很難專心，那會影響學習質素和進度的。你同意嗎？」

梓暉：「不會呀！我覺得跟同學一起做功課更有動力呢！」

爸爸心想：明明見到你剛才聯機嘻嘻哈哈打了很久，以為我聽不到？算了，爭拗無用。

爸爸：「嗯，跟同學一起做功課，起碼覺得不那麼孤單，可以舒緩壓力。」（同理心）

梓暉：「對呀！」

3. 找出雙方的共同好處

爸爸：「爸爸關注一邊用手機一邊做功課會拖慢進度，令你減少睡眠時間。但我也明白感到壓力時，需要減壓，所以也不想拿走你的手機。」

梓暉：「對呀！」

4. 制訂雙方同意的協議

爸爸：「怎麼好呢？我們要如何令大家都滿意呢？」

梓暉想了一想，説：「那麼手機放在廳，我做完一份功課才跟同學聯絡，你不要拿走啊！」

爸爸：「可以。那麼我們如何知道這個方案對你做功課有效呢？」

梓暉：「那麼我每晚 12 時前完成功課吧！……不啦，總之我 12 時睡覺，如果我提早完成功課，便讓我打一會兒吧？」

爸爸：「好的，雖然 12 時還是夜深，但你提早完成便讓你放鬆一下吧！我們試試一星期。這一個星期，功課要在 12 時前完成，要認真做，跟之前的一樣。你認為如何？」

梓暉：「都 OK 的。」

爸爸：「那麼梓暉，你再仔細想清楚，這樣真的可行嗎？協議好了就要實行的啦。」

梓暉：「沒問題啦！」

爸爸：「好的，最重要是你明白爸爸是關心你。萬一未能做到，要有什麼後果呢？」

梓暉：「那麼手機由你保管，我 12 時前做完功課便給我玩可以嗎？」

爸爸：「當然可以，最重要是 12 時前給你玩吧，我聽得很清楚！」

梓暉：「對呀！」

爸爸：「但到時你會不會反悔，生我的氣？」

梓暉：「不會啦，自己做不到的話，都心甘命抵啦！」

5. 確定子女明白協議目的

爸爸：「好呀！跟你這樣討論，覺得你長大了懂事了。現在我們協議你用手機的時限，不是因為我們不想你用手機，也不是為了成績，而是希望幫助你自我管理。當你能自律時，我們便會放手讓你自己管理自己的事情了。你明白嗎？如果真的受到手機影響，你願意坦誠告訴我們，讓我們一起想想如何協調嗎？」

這樣的討論，能開啟子女的思考，幫助他們了解在邁向獨立自主的進程中，需要學懂平衡欲望和責任，成為一個成熟的人。

如第一步所言，父母最大的困難之一，是信任子女。處於青春期的子女偏偏很會提出各種理由挑戰父母，由於擔心子女，我們會視他們的想法為找藉口，擔心他們不肯改變，反應也變得緊張。此外父母也有自尊，會因子女挑戰我們的態度而自尊感受損。然後雙方各持己見，便會進入令人厭煩的重複反駁中，親子關係掉入難以信任的惡性循環。

要是我們能相信子女會為自己着想時，就能夠「交個波畀佢」，由他們自行思考解決的方法。有時子女選擇的方案可能就是你早前提出的，你可能會感到不忿：「什麼？既然同一方案，為什麼不早早接受，堅持要跟我爭持！」這之間的差別是「他們自己的選擇」！青少年子女跟父母爭持的不是方案，而是他們「獨立自主的需要」。

總結

作為管教層次的第三層，協議並非一份公式合約，而是父母表達對子女的信任、結連和賦能（empowerment）。協議包含：

- **對子女獨立自主的肯定**：父母難免擔心，但仍自我限制，鼓勵子女獨立思考，處理自己的事情；
- **情感交流**：討論過程中父母未必認同子女的觀點，但也可嘗試理解他們，也是展現無條件有要求的愛；
- **肯定子女的自我價值**：用心觀察，欣賞子女的個性、意念、能力、付出和毅力。

父母認為青少年很多「不可能」，可能是因為大家根本未能結連。在輔導室裏要是親子能互相結連，會看到青少年因聽到父母讚賞而感動、因接收到父母表達的愛錫而道謝、也有因父母看待自己像成人一樣而自豪、也有因達成協議而感到被信任。青少年子女可能甚少對父母「應機」，但渴望結連的心仍在。

訂立協議

本章金句

協議是一個親子合作，為大家共同好處而努力的過程，而不是我贏你輸的角力。

練習：成為具反省力的爸媽

1. 以你的觀察，子女在以下各方面的發展如何？

自我價值 —— 認識自己的志趣專長：

____

____

人際關係 —— 包括與同伴和成人的相處：

____

____

價值觀 —— 透過獨立思考建立屬於自己的價值觀：

____

____

建立能力 —— 智力、情緒、體能和技能：

____

____

盼望 —— 享受生命的樂趣、關懷世界、靈性發展、對將來存盼望：

____

____

2. *子女每週的活動是什麼？所需時間多少？試以圖表畫出來。他們的成長發展均衡嗎？你對子女這個圖表有什麼感受？*

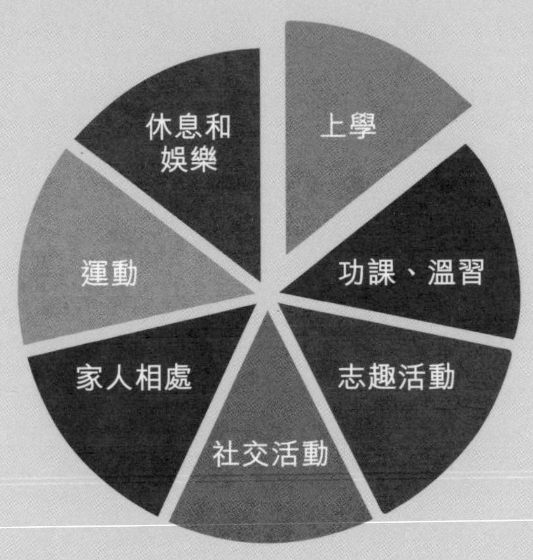

____

____

3. *子女使用手機的用途是什麼？每日大約花多少時間？*

____

____

4. *試寫下你想向子女提出的協議要求，包括具體清晰的「協議項目」和「後果」。*

____

____

5. *跟你的配偶或是可信任的朋友分享以上練習所寫的，聆聽他們的意見。*

CHAPTER 4

SCORE 40

第四步

收機太難？——執行協議

1. 基礎篇：如何執行協議

目標：

透過見招拆招，應對執行協議時遇到的阻力；而父母也要面對自己在執行時的無力。

提示：

執行協議的目的是幫助子女長遠學會節制與自律，收機或暫停玩機，並非終極目的。

引言

執行協議時，父母要向子女展示言行一致的表現，讓子女知道「講得出，做得到」，必須遵守承諾。

但當中最困難是要面對因子女不合作引發的衝突，如果父母強硬執行，則可能兩敗俱傷；但只是勸他煩他，子女又當你透明，有時子女苦苦哀求、甜言蜜語，父母又於心不忍……最好是子女能自動自覺履行協議便好了！可是這美好願景不常出現……

執行協議的確會遇到不少困難，但如果能知己知彼及從新的角度去看問題，相信父母會更有信心處理。本章會詳細講解。

子女不遵守協議

媽媽：「小明，不是說好了只玩 1 小時嗎？到時候要停了。」

小明：「得啦，得啦！」雙手沒有停下來。

……

媽媽：「現在已兩個小時了！還不停止？」

小明：「得啦，得啦！」仍在狂打。

媽媽發火：「不是說好了的嗎？為何你總不能自動自覺？為何總是不能照着做！」

子女在達成協議後不能自動自覺去實踐，父母自然感到失望，要「日哦夜哦」着實厭煩，此外也擔心子女今日不守諾言，將來會否失信於人？爸媽不必太擔心，青少年階段子女尚未發展出成熟的自制能力，很多時難以遵守協議，仍需父母的協助。

要是與青少年子女訂立協議，不要期望他們「自動自覺」遵守協議，且仍需你幫助子女一步步建立自制力。

收機心訣

首先，要有效執行協議，父母必須情緒柔和、行動堅定（kind and firm），並且持定信念：**執行協議本身沒有問題，問題只是失控的情緒。**

以下方法給大家參考：

1. 重複法

「收機啦！」

「收機啦！」

「收機啦！」

首先，**要規管子女用機，父母只要走到子女身旁，柔和而堅定地重複上述訊息。**只要收機前已有協議，父母只要執行協議，就毋須再解釋太多。若然要重重複複解說，最後都會令自己情緒失控。

2. 適當彈性

執行界線要堅定，但仍可以容許適當彈性，否則壓迫力愈大，遇到的反抗力度也會愈大。其實在玩樂中途是很難停止的，建議預先給予 10 至 15 分鐘的通知，或是容許子女延長最多 15 分鐘，都是可接受的。

爸爸：「阿仔，收機啦！」

阿仔：「容我玩完這局吧！」

爸爸：「即是多久？」

阿仔：「好快！」

爸爸：「即是多久？」（重複法）

阿仔：「好快！」

爸爸：「即是多久？」（重複法）

阿仔煩躁：「呀……10 分鐘吧！」

爸爸：「好吧！10 分鐘內玩完這局便要停。」

3. 不放棄

要是 10 分鐘後沒有停手怎辦？

父母在最後 10 分鐘最好陪伴在旁，待子女打完了手上的一局便要求停止。否則子女趁父母走開便開新一局時，便會難以喊停。

此刻父母堅定不放棄的舉動，在子女心目中是好煩、好難纏，但沒關係，**耐性是執行協議的關鍵；至要緊是情緒柔和，言詞精簡**，毋須在旁喋喋不休翻舊賬，挑動彼此情緒。

4. 接納對方情緒

子女若被逼收機，情緒可能會激動憤怒，這也是可以接納的。

子女大力跺腳：「哼！你好衰！我好辛苦才打到這關！」

父母：「看來剛才打得不容易呢！」（同理心）

子女：「是啊！為什麼其他同學還可以繼續玩而我要停呢？」

父母：「你感到不公道。」（同理心）

子女：「是啊！你們太嚴厲了！」

父母：「你很不滿。」（同理心）

子女：「是啊！」

子女此刻表達的是憤怒的感覺，並不一定是忘了協議，因此父母不必急於重提協議，容許子女發洩一下憤怒。如果父母感到委屈，無力理會子女，也可以表達需要冷靜一會，容後再談。

若然子女對父母人身攻擊，父母會擔心若不立即指出錯處，子女之後會更橫行無忌。子女説出侮辱的説話，當然不可以接受，但當他們在情緒激動時，也不會聽得進任何道理，強行指責只會令對方更生氣，未必領會自己失當。**鼓勵父母待子女情緒平靜時才再對話，並要就着子女使用不恰當的說話設立界線，要求子女改善，比指責更奏效。**

5. 肯定對方的付出

子女每一次的合作都必須先努力克制個人欲望，是一個具有意志力的行為，值得欣賞。如果父母肯定子女的付出，可以加強子女的意識，令他們對自己的自制能力更有信心和更自豪。

然而，很多時父母會把焦點放在子女到底有沒有達到協議這個結果上，要是沒有，便會全盤否定子女：「你又做不到了」。

成功不能一蹴即就，例如可能同學要求聯機 5 次而子女推卻了 2 次，又例如嘗試「煲」一些集數較少的戲劇但還是停不了追看，這些努力雖然未收即時成果，但父母可以肯定他們嘗試付出，會讓他們感動，覺得付出也是值得的，下次要更努力。

小結

當子女在青少年階段體驗父母柔和而堅定地執行協議後，情感上會接收到這是為自己好的，認知上也會清晰自己必須為個人行為負責任，這會產生一個內化過程，建立個人的自律性。

父母執行協議的困難

有時子女未能履行協議，除了因自制力不足之外，也可能是與父母之間的互動有關。

1. 難以貫徹始終

小明:「媽媽，你答應了我每天可在完成功課後用手機1小時，現在我已做完了，手機呢？」

媽媽：「你還好意思問我拿手機？看看你今次的小測，竟然不合格，還不快快去溫習，還想着玩手機！」

……

小明：「媽媽，我已做完功課了，給我手機吧？」

媽媽：「你還好意思問我拿手機？看你剛才什麼態度對待我？我還未生完氣！沒有手機！」

小明心想：「不知道下一次完成功課後是否有手機玩，下次有手機在手，還是不要交給媽媽安全些。」

很多時父母不是想違背諾言，可是看到子女只顧着手機，本份的事卻完全沒有裝載，擔心給子女手機會使他們放任。**然而，協議是雙方的承諾，守諾是彼此信任的大前提，若親子之間失去信任，日後管教更為艱難，父母也難以以身作則。**所以，請家長先遵守協議，其他的行為問題應另行處理。

2. 心太軟

美儀的女兒已達成協議，答允晚上 11 時關機，可是往往玩到半夜 1 時也不肯收。美儀知道要執行協議，但眼見女兒沒有太多朋友，學業又追不上，常悶悶不樂，現在還要拿走她唯一的寄託，總是於心不忍。結果，女兒愈來愈失控，開始欠交功課和曠課。

有時父母會感到執行協議要硬起心腸也不容易，然而有了協議卻不執行，會向子女傳遞一個錯誤訊息，就是協議是不需要遵守的，後果也不需要承擔。

多數父母不會故意「縱容」子女，然而卻容易「心軟」或「無符」。可能有以下的原因：

- **擔心破壞親子關係**：對很多父母來說，執行協議等於大罵子女或是要脅逼子女，勢令雙方關係緊張。

- **感到自己勢孤力弱**：尤其子女已長得牛高馬大，丈夫又不在家。

- **懷疑強制執行對子女是否真的有好處**：子女已那麼辛苦是否仍要壓逼他？給子女多玩一會無傷大雅吧？

- **父母產生自我懷疑**：自己會否過分專制？有否不信任子女？是否缺乏對子女的體諒？

成長經驗影響管教

為什麼同一種子女的行為問題，有些父母執行協議會較有信心，但有些卻會感到很困難？**這與父母好不好、愛不愛子女無關，卻是與父母成長所經歷的管教有莫大關係，而父母吸收這些管教方式，大部分是不自覺的。**如果在童年遭遇不愉快的管教經驗，一般人會不自覺地發展出相同或是恰恰相反的管教方式。

每當美儀要執行協議時，便會感到女兒很可憐，現在還要拿走她唯一的寄託，會令女兒很痛苦。縱使很多朋友勸導美儀，容許她女兒不守協議只會令她的情況更糟，但美儀就是硬不下心腸。這種很可憐的感覺，源自美儀對自己童年隱藏了的記憶。美儀的童年並不快樂，父母都要在外辛勞工作，未能照顧子女，回家時卻把一天的冤屈氣向子女發洩。美儀在謾罵責打中成長，常獨自躲在牀上偷偷飲泣。今天，當美儀要管教女兒時，便不自覺地將童年那個「可憐的自己」投射到女兒身上，而管教就等於當年父母的謾罵責打。美儀決不要讓女兒重蹈覆轍，但畢竟未經歷過其他的管教方式，面對女兒只有無何奈何。

當美儀發現「可憐的孩子」是自己的童年經驗時，她嘗試去看看女兒的成長。的確，女兒沒有什麼朋友，學業又追不上，也會悶悶不樂，但跟自己童年沒人照顧又常被打罵是兩碼子的事。女兒需要的是美儀引導她成長，而不是可憐她，放任她去打機。

然而，這些童年的成長經驗是不易分辨的，父母可以嘗試記着一些自我鼓勵的説話，協助自己執行協議，例如：

- 「不用多言，只須企硬。」
- 「堅持才是愛他。」
- 「我有管教的責任，否則便是不負責任。」
- 「我不是孤單的，丈夫 / 太太 / 好友都支持我！」

正面例子

美儀與女兒協議了晚上 11 時關機，美儀在 15 分鐘前已給女兒一次提示作心理準備，可是時間到了，女兒還是拉拉扯扯了半小時，在美儀執行協議後才不情願地交出手機，然後在房間裏生悶氣。過了一會，美儀拿了一杯水給女兒，打開話匣子。

美儀：「阿女，我們協議了 11 時收機，剛才看來你有點不開心，是嗎？」（同理心）

女兒：「根本不知為何要停！ 11 點咁早，我又未眼瞓，現在也沒有什麼事好做，你不覺得無聊嗎？」

美儀（我好像太沒道理了……不是的，協議了要堅持）：「我希望你協議了能守諾，就算未眼瞓也應停止用機。」（我的訊息）

女兒：「媽，你為什麼那麼殘忍？我一天到晚做做做，只有這個時間可以放鬆下，你就對我好些吧？」

美儀（我很殘忍嗎？我不是好媽媽嗎？不是的，我有管教的責任，否則才是不負責任。）：「是的，一天做到晚真的很辛苦，你可以跟我傾訴。（同理心）但是你跟我協議了11時收機，如果你能自己停止，我會好高興，因為遵守承諾是很重要的。」（我的訊息）

女兒開始嗚咽：「你根本不明白，我只有看手機才能有一刻安寧。沒有手機好心煩好忟，根本睡不到，你這樣也不幫我！」

美儀（我這樣做是沒幫助她嗎？好擔心，我會否令女兒情緒困擾？不是的，不可讓手機控制女兒，堅持才是愛她）：「我會幫你的，你覺得心煩我也感到難受。（我的訊息）什麼事令你不安寧，可否讓我替你分憂？」

爸媽要留意，當你分享自己的感受時，只是為了跟子女情感交流，切勿要求子女停止心煩以照顧父母的感受，這會對子女造成壓力，變成了情緒勒索。

女兒：「哎呀！你好煩呀！你怎麼替我分憂？你只會叫我不要玩手機盡力溫書，我已經好盡力，吃飯也不敢吃太久，睡覺也覺得浪費時間，但在你們眼中永遠都不夠。我今次跌了名次，見到同學多尷尬，他們心裏一定在取笑我……」

美儀大吃一驚，沉思一會才説：「我叫你盡力的意思是盡了力便行，我擔心你太辛苦，不是要你無止境地盡力，想不到令你誤解。我一直以為沒有給你壓力，真的意想不到。」（我的訊息）

女兒：「個個都是這樣説，我自己也知道，如果不努力讀書，將來搵唔到食。沒辦法，一定要讀啦！唉，做人都不知為什麼！」

美儀：「如果你因為讀書已經不敢吃飯、不敢睡覺，犧牲自己的健康這已經太過頭了。『盡力』這個字太籠統，不如我們一起計算一下每日的學習量和休息時間，如果你達到了便是已盡力，如果你超過了便是獎勵，這樣好嗎？」

女兒：「哈！那我的獎勵早已多到爆機！」

美儀笑説：「得，補返比你！現在心情好一點嗎？媽媽會替你分憂的，因為我關心你。我不希望是手機替你分憂，好嗎？」

3. 過於強硬

卓銘與爸爸協議只能在週末使用手機，週日不能用機，卓銘一直遵守。

卓銘：「爸爸，明天我要在放學後跟幾位同學考察某地區，需要進行拍攝，可否給我手機使用？」

爸爸：「既然有其他同學一起去，他們也會有手機。你可以做文字記錄什麼的，不需要用到手機。」

卓銘：「但同學都有手機，如果我沒有就很異相了。」

爸爸：「沒什麼奇怪，他們平日機不離手才奇怪。我看拿手機去考察多半是藉口，最多拍一兩張照，其餘時間都在聯機吧！」

卓銘：「爸爸，我們真是用來考察的。不如我把拍得的相片傳給你看，另外星期六我補回時間不用機，好嗎？」

爸爸：「卓銘，爸爸很介意你太易被人影響，別人有手機你就要有，這是不行的，你應該多些堅持自己才是。」

卓銘：「……」（心想長大了我要離你遠遠的！）

上述例子中的爸爸堅持執行協議是有理，但缺乏情，難以代入兒子的處境，了解他對手機的合理需求，以及需要獲得朋輩認同，這樣的執行太過僵化。即使強硬執行協議，或可令子女較有責任心、守規矩，但子女會較為缺乏幸福感，與父母關係較疏離。

過於強硬的父母面對最困難的，是明白情感需要和容許有多元觀點，這可多練習同理心，也可以下面的說話自我提醒：

- 「要情理兼備。」
- 「我有道理，但別人也有道理。」
- 「責任重要，恩慈也重要。」

父母管教不一致

升中後，小浩不再讓媽媽過問生活方式，他盡情打機，與媽媽的衝突愈來愈多。媽媽於是向爸爸求助。

媽媽：「爸爸，你看看兒子，一天到晚不眠不休地打機，你就放着不管嗎？」

爸爸（對兒子）：「喂，阿仔，要收機啦！」然後繼續看網上新聞。

媽媽：「你這樣叫一句就算了嗎？這樣他會收機嗎？」

爸爸（對媽媽）：「其實打夠了便會停，你這麼緊張有需要嗎？天天家嘈屋閉好嗎？」

媽媽：「你以為我很想吵？他已經打了很多天，學業已退步了，如果再不急起直追便來不及了。你什麼都不理，對兒子的情況什麼都不知道！」

爸爸：「我怎麼沒理？我也有跟他談過，叫他少玩一點的，讀書認真些。」

媽媽：「你敷衍一兩次就管用了嗎？小浩每天都沒有自動自覺做事，都是要我三催四請的，我真的夠累夠辛苦。為什麼你就不可以着緊些，替我分擔一些？」

爸爸：「我不是已做了嗎？你還要我怎樣才滿足！」

媽媽一句你沒有做，爸爸一句你不滿足的，大家爭吵不休，直至雙方都筋疲力竭，互不理睬。

爸爸為了避免與媽媽衝突，一直撒手不理，暗地裏卻會教小明打機、外出吃喝玩樂。媽媽管教兒子感到非常吃力，卻得不到爸爸幫忙，令她非常生氣。

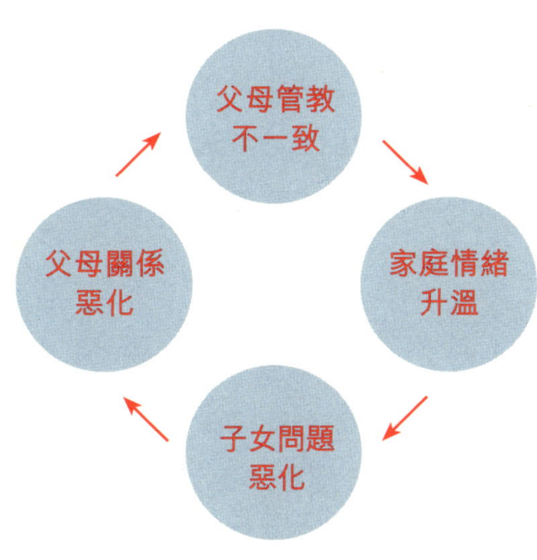

管教的分歧

很多家長都明白管教須一致的道理，可是對方就是不肯跟自己一致，那可怎麼辦？

- 夫婦之間的差異：很少父母在管教問題上一開始便會一致。大部分人都是找跟自己互補的人結為夫婦，一個性格較緊張的人喜歡找一個較從容的配偶，被動的人則容易吸引主動的人。因此很多父母的管教模式也會一個緊迫一個寬鬆。世上沒有完美的管教，只能因時制宜、進退有度。父母若能互相欣賞、互相補位，合作愉快，管教便會較為輕鬆有效。

- 處理方法差異：處理夫婦之間的分歧從來不是容易的事。沒有子女的時候，還可以勉強屈就忍讓；但當有了子女之後，會發現牽涉到子女的利益時，夫妻之間更難妥協，又或是會對配偶期望更高，這便造成更大失望，令家人相處充滿張力。如果雙方沒有處理分歧的有效方式，會令問題堆積，漸漸失去對對方的信任，管教便變成各有各做。

父母處理雙方分歧的方式有以下型態：

- 百忍成金型：夫婦其中一方長期選擇忍讓，由另一方全權處理問題，好處是少了爭拗，壞處是掌權的往往感到孤單吃力，忍讓的一方也會感到在家裏被邊緣化，雙方的情感需要不能滿足。此時掌權的一方更會將情緒轉而投放在子女身上，令子女吃不消。

- **陽奉陰違型**：夫婦一強一弱，弱的一方雖然表面忍讓，但卻會暗地裏找機會實施自己的管教方式。這模式的好處是家庭表面和諧，壞處是夫婦暗中較勁，互相抵消彼此管教的努力。

- **各不相讓型**：夫婦堅持己見，各不相讓，每每為管教問題吵得天昏地暗，或互不理睬。子女又會因父母是為管教自己吵架而感到無力和自責，產生情緒困擾。

除了以上型態，也會出現混合型。無論是以上哪種型態，都會為管教帶來困難。

惡性循環

當父母無法處理分歧，家庭的焦慮情緒會不斷升溫，小浩媽媽的焦慮完全投放在小浩身上，與小浩糾纏不休；小浩見家裏不是面目猙獰的媽媽，便是愁眉不展的爸爸，便將焦慮投放在打機上；而爸爸也因家庭的焦慮氣氛，寧可加班或在外流連，避得遠遠的，令媽媽獨力難支，更為焦慮，造成惡性循環。

當家庭出現長時間的惡性循環，夫婦感到對方不重視自己甚至不愛自己，因而互相指責，甚至對婚姻失望。因此，當發現惡性循環時，切勿拖延處理。

父母如何處理管教不一致？

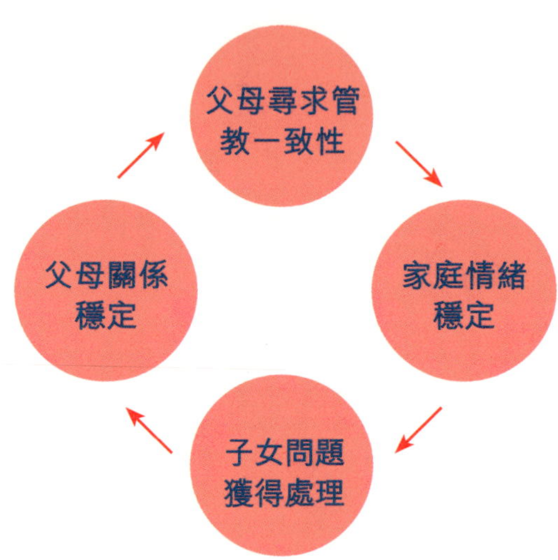

重新界定問題

如前所言，夫婦之間有分歧、有衝突本來就十分正常，各人的**性格**、**價值觀**、**處事方式**不同，需要討論和磨合，但切勿將問題提升至動機層面，否則便會傷及大家之間的感情。例如：

「他不幫手管教即是不愛我。」

「他處處不滿我的做法即是不尊重我。」

如果你是媽媽的角色

當你在管教時丈夫袖手旁觀，甚至評論你太緊張，你難免氣上心頭，感到為家庭為子女盡心盡力都是白費的。而最心痛的是，在你最辛苦、無助，最需要丈夫時，他並沒有站在你那邊支持你，令你感到孤單。你很需要知道丈夫仍然愛你，讓你有安全感。

對丈夫而言，他並不是故意不幫助你、與你對着幹。只是他對管教有另一套看法，當他的看法被你否定時，他也會難受。為了保護自己和大家的關係，他往往會選擇沉默，不採取任何行動，或暗地裏使用他的管教方式。他心裏也需要你的認同，讓他感到有尊嚴。

如果你是爸爸的角色

當你見到緊張兮兮的太太大呼小叫，自己也感到有壓力、神經緊張起來，心裏不免感到「何苦如此」？你很想勸阻太太，卻怕引發她的震怒，轉而把矛頭指向你，令你吃驚。她繼而要求你協助她、跟隨她的方法管教子女，使你非常為難。

你可能提出一些中庸方案，卻得不到太太的認同，認為你的想法不中用，甚至懷疑你根本無心幫助她，使你又洩氣又委屈。你想到反正做什麼都錯，不如不問世事，還可享一時清靜。

慢慢地，你發現自己成為這個家的旁觀者，沒有人跟你說話，你插嘴也沒有人理會你，沒有角色、沒有位置。在你的心底，最渴望得到太太的認同，讓你感到對這頭家的付出是值得的。

對太太而言，她並不是故意貶低你，只是她實在太渴望你的幫助，讓她感到被愛。

管教沒有性別定型，爸爸和媽媽的角色可以對調。管教風格跟不同人的個性、依附類型和成長經驗有關，因此請自行代入合適的角色便可。

擺脫惡性循環

在婚姻裏，我們都渴望對方能給予自己所需的滋潤，包括愛、接納、重視、認同和欣賞。然而沒有人首先付出，這些渴望都只會一直落空。又或者自己已一直付出，卻不獲對方欣賞，也會感到疲累。解開惡性循環，源於一個不同的行動，可能是首先付出對對方的愛和認同，也可能是欣賞對方的付出，縱然與你所期待的有落差。

你未必認同配偶的管教方式，但可以認同他已努力為家庭付出。當配偶感到你的愛意或認同時，便會有安全感，更願意與你合作，聆聽你的需要，合力管教。這樣一家人的相處才會出現良性循環。

如果你是媽媽的角色

媽媽見小浩已幾天不眠不休地打機，覺得需要處理，於是趁小浩不在，先與爸爸商量一下。

媽媽：「爸爸，你看看兒子，已幾天不眠不休地打機。」

爸爸（對媽媽）：「其實打夠了便會停，你不用這麼緊張，天天家嘈屋閉有什麼好？」

媽媽：「明白你不想嘈，我也不想。（同理心）他已經打了很多天，學業已退步了，如果再不關注，我擔心他發現自己落後了會變得沮喪，而且也擔心會影響他的其他發展。（我的訊息）你覺得呢？」

爸爸：「我有去跟他談過，他沒什麼，只是想跟同學一起玩。已提醒過他少玩一點，讀書認真些就是了。」

媽媽：「原來你也關注此事，並已跟他談過，有你幫手我便放心多了。（肯定對方的付出）你認為去到哪個程度我們要再關注呢？（探索對方的想法）」

爸爸：「可以再看一陣子吧！早幾天我跟阿仔打機時，他還説自己中四要選物理科。他知道物理很難入的，『爭崩頭』，所以在網上看一些物理知識，還是英語教學呢！有時他上網可能是學東西，也不一定是打機。」

媽媽：「原來如此，小浩現在話不多，我感到很難入手，幸好你也打機，看來跟他容易溝通得多。那麼我靠你收料啦！（肯定對方的付出）」

如果你是爸爸的角色

媽媽：「爸爸，你看看兒子，一天到晚不眠不休地打機，你就放着不管嗎？」

爸爸：「放心，我會管的。你好擔心是嗎？」（同理心）

媽媽：「當然擔心，他已經打了很多天，學業已退步了，如果再不急起直追便來不及了。你什麼都不理，對兒子的情況什麼都不知道！」

爸爸：「噢，已退步了？難怪你這麼擔心。來，我們先私下商量怎麼做。」

回到房間。

爸爸：「太太叫到我當然要理，你想我怎麼理？」

媽媽：「小浩每天都沒有自動自覺做事，都是要我三催四請的，我真的好累好辛苦。你可以着緊些，替我分擔一些嗎？」

爸爸：「你想我幫手叫小浩做事，那麼你就可以輕鬆些，是嗎？」（同理心）

媽媽（因焦慮而話多）：「是啊！他現在這樣真的不行呀（下刪一千字），你說是不是？」

爸爸：「當然啦，令人好擔心！」（同理心）

（過程重複多次之後）

媽媽（因吐完了苦水而輕鬆些）：「所以說，我們要理理他！」

爸爸（見時機成熟）：「當然要理。可是呢，媽媽，小浩現在正值青少年期，是發展獨立自主的階段，如果我也對他事事三催四請，只會令他反感，結果也徒勞無功。

其實阿仔不是不懂事的。早幾天我跟他打機時，他還說自己中四要選物理科。他知道物理很難入的，『爭崩頭』，所以用apps看一些物理知識，還是英語教學呢！有時他上網可能是學東西，也不一定是打機。」

媽媽：「是嗎？真意想不到！」

爸爸：「是啊！兒子比我們想像的努力呢！所以你可以放心，我會幫手的。」

尋求管教共識

當雙方的相處是進入良性循環時，重建互信互諒，相信對方是可依靠的，與自己有共同目標的，才容易有商有量，一起達到管教共識。

世上沒有完美的父母，也沒有最完美的管教方法，能教出完美的子女。**父母因着雙方性格和處事差異而有分歧是很正常的，即使多番討論而磨合，甚至未能磨合，都要接納大家的不同**。切勿揣測對方動機，產生不信任，以致影響雙方感情便可。然而，若未能與子女好好處理衝突，弄至烽煙四起、互相指責、各不相讓，或是冷戰連連，才是對子女的最大傷害。如果父母已為雙方的分歧和衝突傷透腦筋，切勿拖延，儘早尋求專業幫助。

總結：邁向自律自愛人生

無論如何管教，關鍵在於父母情感傳遞和執行界線的方式上。

情感傳遞之所以重要，是因為人的自我價值，是建基於依附關係上。一個人如果有安全的依附對象，便會感到溫暖、被愛、重要，覺得生存在世上是有意義的。這些人長大後，就算遭遇患難打擊，也會堅持下去，因為他們相信自己的生命是有價值的；相反，一個人不論學歷、薪酬、成就如何高，如果不曾感到世上有人念記他，便容易覺得生無可戀。有些人批評青年人自殺是因為太脆弱，不曾經風浪，於是鼓勵父母要給青少年更多挫敗經歷。然而，如果一個人的成長本身缺乏安全的依附關係，一味加諸挫敗經歷，只會令他們覺得人生好可怕，反而走向封閉或欺凌，不會堅強起來。

反之，一個擁有安全依附關係的人，父母能放手讓子女探索世界、經歷挫敗，面對現實世界的磨練，讓意志更堅強，這是子女邁向獨立自主的必經之路。有些父母會擔心，依附是不是依賴別人，反而難以獨立？只有安全依附關係的人才有勇氣去探索世界，因為他知道無論遭遇什麼困難，也可以回到安全的避難所，那裏有鼓勵他、接納他的人，所以不怕冒險去闖。因此依附關係與獨立自主沒有衝突，依附關係帶來安全感，反而是動力的來源。

訂立界線是讓青少年學習遵守承諾和培養自律的習慣。一個守承諾自律的人，會有能力管理自己的生活、能控制自己的日程、可以按時完成任務；人際關係上也能知所進退，不會經常諉過於人，也不會委屈自己，被欺凌也不懂反抗，這都是對界線的掌握。

執行協議

本章金句

要有效執行協議，父母必須情緒柔和、行動堅定（kind and firm）。

練習：成為具反省力的父母

1. 子女有沒有什麼説話，會令你較難執行協議呢？

- 你不是好爸爸 / 好媽媽
- 你比爸爸 / 媽媽好多了
- 你不信任我
- 你不體諒我
- 你不要煩
- 你很專制

你自我鼓勵的説話是：＿＿＿＿＿＿＿＿＿＿

2. 有父母說：「我什麼方法都試過：強行收機、通融、也運用過同理心，甚至表達時柔和而堅定，子女還是一樣，死性不改！」

你可以如何拆解？

＿＿＿＿＿＿＿＿＿＿＿＿＿＿＿＿＿＿＿＿

＿＿＿＿＿＿＿＿＿＿＿＿＿＿＿＿＿＿＿＿

- 會否用了太多不同的執行協議方式，致令管教難以貫徹始終，子女難以適應？
- 會否忽略了子女在當中的努力和付出？
- 自制能力是經過長時間的培養而產生的，不是一蹴即至的。

3. 關於你與配偶的管教方式

- 你與配偶之間的管教分歧主要是什麼？

____

- 你希望配偶在管教上作出什麼改變？寫完之後，嘗試代入配偶的角色，感覺一下聆聽了這番話後的感受。

____

感受： ______________________________________

- 請你將上一項用「我的訊息」再寫一篇，然後代入配偶的角色，感覺一下聆聽後的感受有沒有不同。

____

感受： ______________________________________

- 想像一下，你認為配偶希望你在管教上作出什麼改變？寫完之後，嘗試感覺一下聆聽了這番話後的感受。

____

感受： ______________________________________

- 請你將上一項用「我的訊息」再寫一遍，然後感覺一下聆聽後的感受有沒有不同。

____

感受：______________________________________

- 請寫出自己管教子女的優點和付出。嘗試欣賞一下自己的付出。感覺如何？

____

感受：______________________________________

- 你能寫出配偶管教子女的優點和付出嗎？嘗試代入配偶的角色，感覺一下聆聽了這一番話後的感受。

____

感受：______________________________________

2. 加強篇：家長如何處理情緒

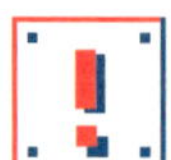

目標：

在執行協議時可能會發生衝突，家長要照顧好自己和孩子的情緒。

提示：

衝突的核心是情緒而不是事理，而家長能化解衝突的秘訣是愛。

引言

執行協議，説易行難。難就難在青少年子女通常不會唯命是從。相反，你叫他向東，他就偏要向西。在玩手機的事上，當父母跟孩子討價還價時，總會遇上阻力和反抗。

反抗不但是拒絕服從或對話，有時孩子一旦未能説服家長，就亂發脾氣，甚至以言語和情緒去攻擊你，打擊你，最後使你疲勞不堪，甚至心痛欲絕，心想：「自己都是為你好，你竟然如此對父母無禮？」

歸根究底，子女的抵抗和反擊往往跟情緒有關，情緒是反抗的助燃器。可是，很多家長忽略了這一點，以為盡力向孩子講道理就能抵抗孩子的負面情緒。解鈴還需繫鈴人，家長要對準孩子的負面情緒，才能解決問題。更重要的是，家長不只解決一時的紛爭，更要培養孩子的商量溝通和自律的能力。

但過程中父母的情緒必然受影響，這一章是要幫助家長應對情緒。

母親，先冷靜

小玲有個十二歲的孩子，叫 Peter，小四時被醫生診斷為患上過度活躍症，不單難以集中精神學習，更容易衝動，想要的東西要立即得到。

Peter 自從小六開始就愛上了打機，而且愈來愈沉迷。小玲在 Peter 小學時，尚可控制他，因為她可以控制着 Wi-Fi。當 Peter 升上中一，長得愈來愈高大，態度也愈來愈差。小玲開始控制不了他的打機程度。

很多時候，小玲和 Peter 經常爭吵究竟先做功課，還是先打機。每次爭論，都令小玲精疲力竭，因為 Peter 變得愈來愈難纏，愈來愈不講理。當小玲阻止 Peter 打機時，Peter 會發瘋，攔住小玲的去路，不肯讓小玲離開直至她就範。

小玲：「我對着兒子，完全沒辦法，根本不懂如何回應他。我當時只有恐懼，因為他愈來愈高大，力量也強過我。」

輔導員：「明白，真的很困難。我建議當你下次遇上相同情況，可以想像自己像一尊慈祥而安定的雕像，安靜地待着，並説：如果你不冷靜，我們就傾不下去。」

之後，小玲帶着這個錦囊回家試行。一星期後，她回來見輔導員。

小玲：「我回家已經試過你建議的方法。好處是我可以不用太緊張。不過，一次他聽到我說要冷靜，他突然大聲疾呼：我很冷靜。當時，我真不知怎辦。」

輔導員：「那麼你覺得他冷靜嗎？」

小玲搖搖頭。

輔導員：「如果你都覺得他不冷靜，你可以對他說，你看出他不冷靜。如果大家都不冷靜，根本傾不出什麼。」

於是，小玲回去再試試。

兩星期後，小玲再見輔導員。

小玲：「這次我遇到同一情況，按照你的方法去做，終於有成果。一次，我叫他冷靜，他竟然自己跑進廚房喝了一大杯冷水，之後又跑出來，跟我說：我現在冷靜了。我當時很高興，孩子可以嘗試幫自己冷靜。原來只要我像個雕像，能夠溫柔而堅定，就可以收服這頭太負面。」

小玲笑了起來。輔導員看到她久違了的笑容。

都是情緒惹的禍

以上例子，不會太陌生吧！

無論在打機或者其他管教事上，父母跟青少年子女爭執時，很容易漸漸處於下風，因為他們可能有意無意間，採用激將法攻擊你，有時即使你有張良計，他們又有過牆梯，有時即使你運用強硬手段，他們就逃避不談。結果是，老鼠拉龜。

家長必須了解衝突的核心。**衝突的核心是情緒，而不是事理。** 事理人人都明，但情緒無道理（這個前文已提過）。

以下例子反映幾件事實：

- 當家長反對孩子一些行為，或想推動他們做不想做的事情時，孩子主要的情緒會是憤怒，以憤怒助燃，令衝突升級，以為可以佔上風。

- 家長也會同時被孩子的憤怒情緒影響，掉進情緒的漩渦。在這例子，母親初時表層情緒是恐懼，但內裏卻帶失望和憤怒。可是，這位母親自己掌握不到。

- 在情緒的漩渦下，討論什麼，商量什麼都沒有效用，因為大家都已經不講道理，頭腦被情緒和欲望填滿。

- 雕像只不過是個容易令母親明白和掌握的想像，叫她學習先自己冷靜，溫柔而堅定，凝聚內裏力量。

- 身教的力量和感染力很大，當家長學曉冷靜，表現出什麼才是有效的商量溝通，孩子才會有樣學樣。有時，單靠講道理，只會事倍功半。

有關憤怒和衝突管理，在《當子女說你好煩》第七章已經很詳細地說明，請家長好好參閱。這一章會進一步闡述更深入的心法及商量過程的重點。

憤怒和衝突管理加強版

1. 管理孩子的憤怒

首先，我們要了解憤怒的本質。憤怒的本質是：

- 一種溝通，表示我不喜歡，不想要，不想做。內裏是討厭。
- 一種防衛，表示你不要迫我，不要傷害我。內裏是懼怕。
- 一種保護，表示我不想你知道我不高興、失望、傷心或挫敗等。內裏是不喜歡自己的負面感受。

前文強調我們以憤怒作為第二層情緒去保護深藏的第一層情緒。因此，**家長面對孩子的憤怒，要心裏想：孩子一定有更深一層的情緒，即有內在困擾或不安。**不要被表層的憤怒蒙騙。憤怒，是掩眼術。

那麼，這就叫家長左右為難嗎？什麼都不可做？不是！家長這一刻首要做的，是「冷靜」，其後是「思考」。

以下我再解釋憤怒的更深層本質。請你想像孩子在初出生時的模樣。你記得他或她當時的樣子嗎？他或她有多重？

一個嬰孩出生時，帶着對外界充滿恐懼、不安、焦慮等負面情緒。可是，他們不會用語言表達，只會哭哭啼啼，大呼小叫，目的是溝通、防衛和保護。這正像青少年及成年人的憤怒表達。

可是，當你面對一個嬰孩在深夜哭哭啼啼時，你會打罵他嗎？你會跟他 / 她講道理嗎？你會叫他 / 她收聲嗎？不會。你只會忍耐着，細心觀察和思考發生什麼狀況。究竟是撒尿嗎？是肚餓嗎？是病了嗎？是疲倦嗎？之後用心安慰，着他 / 她不用不安，父母會在身邊想辦法應對 。

以上不是個形容青少年的比喻，但這是真相。當人在極度情緒化時，會倒退到一個嬰孩的心理狀態，沒法運用正常的理性思維和言語去表達，只會變得像個嬰孩，哭哭啼啼，大吵大鬧。

因此，在孩子極度情緒高漲（憤怒）或低沉（抑鬱）時，退返嬰孩的心理狀態，家長只好用面對嬰孩的手法和心態去回應。同理心，就是最佳的手法（請參考第二步）。

不過，這裏要指出另一個很重要的概念，就是「承載」(containment)。如上面談到，**承載的意思就是父母面對嬰孩發脾氣時的反應：冷靜、接納、觀察和思考，之後陪伴和一起解決。**

例子：

孩子：「我要打機！」

母親：「我知道你很想打機。」（同理心）

孩子：「我一定要！」（情緒開始激動）

母親：「媽媽知你很想，而且現在很憤怒，因為沒法打機。」（同理心）

孩子：「我一定要！」（情緒更激動）

母親：「我知道，你很憤怒，也很辛苦，沒法打機。」（母親想到深一層情緒：辛苦）

孩子：「我很想呀！」（語氣緩和一點）

母親：「知道，知道。很辛苦的。」（母親沒有抽離，繼續陪伴這不安情緒）

孩子：「我想呀！」（語氣再緩和多一點）

母親：「明白，明白。媽媽跟你商量，想想辦法。」（母親願意一起解決這辛苦感受）

孩子點頭。（孩子得到初步安慰）

母親跟孩子商量……

以上例子不單示範家長如何平伏孩子情緒，更重要是令孩子了解，自己內心辛苦，需要處理，而不能單靠打機解決；同時讓孩子知道父母想幫助你，不是與你為敵。

2. 家長的情緒管理

第一點的方法不易，困難之處不在孩子，在於家長自己都不能控制自己的情緒。無法冷靜，什麼都做不了，什麼都想不到。對於家長如何處理自己的憤怒，可以參考《當子女說你好煩》第七章 191 頁所提出的方法。

這裏我想指出一些心法。若沒有心法，實踐技巧比較困難。究竟是什麼心法呢？**心法是平靜安穩的操練（mindful lifestyle）**。

在本章開首的例子中，這位母親之所以可以冷靜，不單只靠想像自己是一尊雕像，而是她開始時是使用一種平靜安穩的操練。原來，她一向喜歡做手工藝。可是，當孩子升上小學，她為了家庭就放棄了這興趣。當輔導員得知，立即鼓勵她再次重拾興趣，手工藝可以鍛煉她的平靜安穩的心理狀態。於是，她由一個很易焦慮和急躁的人，漸漸學曉放慢和冷靜。

平靜安穩操練的方法有很多，家長可以選擇你喜好的，如運動、藝術（音樂、手工，繪畫、攝影）、娛樂（電影、遊戲）、行山，及慢活（減慢生活節奏和速度）等。

以下是一套處理憤怒的練習，在平日，或者當你在爭執後，仍然感到憤怒時運用：

第一步：冷靜和檢視身體

找一個舒服的環境和位置，放鬆身體，合上眼睛，感受身體接觸的座位、環境，之後感受身體每部分。

第二步：凝聚呼吸

你一直以為自己有足夠呼吸，其實不然。你只是大量呼吸來燃燒憤怒。大力深呼吸，可以把手放在肚子上，感覺它漲起和收縮，會較容易。可以多做一會，直至感到自己的呼吸比較平穩。

第三步：回想令你憤怒的情景

不一定要找最難堪的情景，可以是最近跟孩子爭執的事，問問自己：「我嬲什麼？孩子最令我傷心的是什麼？我覺得自己是怎樣的父親母親？」讓自己可以不愉快、不滿、內疚和傷心。更可以讓自己心裏責罵，甚至哭出來。

第四步：檢視自己面對衝突的模式

之後，回想自己面對衝突的模式，例如是逃避型？進攻型？情緒型？超級理性沒同理心型？固執不肯認低威型？沒有絕對的對與錯，只要檢視你的方式對事情有沒有幫助。

第五步：自我安慰

可能你不想自己太負面，又可能你聯想起其他不愉快的事件或人物，可能你很自責，因此要壓抑負面情緒。讓自己不愉快其實是其中一種自我安慰，留空間給自己。想像自己在情緒底下都像個小孩子，需要被明白和安慰。這刻，你就自我了解和安慰自己吧！不要對自己太自責，明白你已經盡了力。孩子的問題不是你一個人可以完全解決。

第六步：跟負面情緒暫時說再見

慢慢地不斷跟不愉快的思緒暫時說再見，雖然現在解決不了問題，但你已經明白了自己更多。可以重複深呼吸，讓自己平穩下來。

第七步：反省

感受身體哪部分不舒服，了解令自己最困擾的是什麼事，最難堪的是什麼。發現原來自己的憤怒背後，還有很多不同的思緒。很多問題不可以即時解決，但你知道單靠憤怒也不能解決問題，幫助不到孩子。自省之後，找別人傾訴，才有出路。

3. 拉鋸的過程

商量，可以說是談判，亦是一個過程，而不是對決。商量，可以是情緒的流動，同樣也是一個過程。家長要掌握這過程才能掌握商量的表達和節奏。

簡單去說，孩子沒法即時打機，其實是個「痛失」(loss) 的過程。幽默地說，他們沒法打機，有時好像失戀一樣。失戀的感受是怎樣呢？

精神科醫生伊麗莎白·庫伯勒·羅絲 (Elisabeth Kubler-Ross) 在《論死亡與臨終》(*On Death and Dying*) 一書中提到哀傷的五個階段，雖說這是有關面對死亡，但也適用於一切有關「痛失」的情況。

第一階段：否認

當孩子知道或感到不能打機，或得不到想要的東西時，第一反應是不能接受事實，不想失去發生。*「我就是不信我不能打機！沒可能！為什麼不可以？」*

第二階段：憤怒

當孩子感到真的不可能，真的面對失去時，會把失去的感受轉移至憤怒，怪罪家長或處境。*「最衰是你，你們都是衰人！不是好父母！」*

第三階段：討價還價

當憤怒漸收縮，孩子會想辦法找出另行方案，可以達到目的，希望討價還價，努力爭取。*「我應承你什麼什麼，我便可打機！」*

第四階段：鬱鬱不歡

當孩子發覺怎樣討價還價都不果，便開始抑鬱起來，知道自己總不能得到想得的。孩子情緒低落，什麼都不做，不想對話。

第五階段：接受

最後的階段需要比較長時間，有時以上四個階段會反復出現。接受的狀態是，孩子的情緒比較穩定，明白無法改變現實，或者自己要作出改變才可以得到所想要的，又或者要改變自己的期望，知道生活仍要繼續，否則什麼都失去。

家長會問：我知道那麼多有何用？我不是心理學家！

不錯，家長不是心理學家，但要學習做了解和管教「你孩子的專家」。以上分析乃是幫助家長早一點了解孩子的心理變化，因而可以接納孩子的各種不愉快反應。

有些家長阻止孩子打機，令孩子不高興時，會立即着孩子做其他事，或者阻止孩子不高興。他們忽略了孩子在失去的過程中，「需要」憤怒、抑鬱。這是幫助他們準備「接受」的過程。**如果孩子沒空間抒發，他們會難以接受，只會不斷重複前述的負面情緒。**

孩子：「你不准我打機，正衰人，沒有父母比你差！」

錯誤例子：「你打機已經不對，還指責我衰，你想想是你衰還是我衰！」

正確例子：「我知道你現在很不高興，我明白及體諒的。你自己休息一下，跟着再談。」

孩子知道沒法打機，就呆坐沙發如死蛇爛鱔，什麼都不做。

錯誤例子：「沒法打機，你就好好去做功課，呆在這裏都沒用！」

正確例子：「我知道你現在很不高興，我明白及體諒的。我給你 15 分鐘時間不高興。之後我們商量如何做功課。」

4. 家長的籌碼

談判需要籌碼。籌碼就是你可以跟孩子討價還價的東西。可是很多家長不知道自己的籌碼，反而被孩子手裏拿着皇牌。家長手裏沒籌碼，就感到沒辦法。

很多家長會以懲罰、獎勵、零用錢、不理會孩子等作為籌碼。這些沒問題。可是，家長忽略了孩子手中擁有的籌碼可能比你的更強。

孩子的籌碼可能是：

- 學業、成績（不讀書、不溫習、不上課）
- 父母的面子（在別人面前不順從，令家長沒面）
- 父母的成績表（不達到父母的期望，令父母很挫敗）
- 自毀（傷害自己健康或身體）

這時候，父母要反思：

「我容讓孩子繼續利用以上的籌碼去控制我，還是了解清楚這些所謂籌碼有意義嗎？」

「孩子生命中最重要是什麼？面前的一個測驗成績？還是做個成熟的人？」

「我的面子比起教育孩子重要嗎？」

「如果孩子要以自毀去恐嚇我，我更應該處理他的心態問題吧！他究竟發生什麼事？」

家長們，不要被孩子嚇倒。他們在不憤的過程中，只是苦苦掙扎，就像戒毒戒賭一樣。處理戒毒戒賭問題，輔導工作者往往鼓勵家人要忍心，不要給戒癮者金錢去支持毒癮。很多時候，戒癮者會令家人不安，説沒金錢會死，沒毒品會死，不忍心的家人會給他們一時的解決，可是問題依舊發生。

其實父母最大的籌碼是：愛。愛，就是真正的關心，關心孩子的真正需要，而不是學習成績而已。關於青少年的需要，在第一步已經説明了。

父母最大的談判力量是：堅定的原則。原則正是上面幾條問題帶出的教養理念。有關教養理念，之前第一步也談過。

5. 收機不是終結

不要以為收了機，就「一天都光晒」了。嚴格來説，收機只是管教的開始。

正如上面説過，孩子去接受是一個過程。家長仍要陪伴孩子面對不愉快，面對他想逃避的事（如學習困難、人際困擾）。

你奪走孩子所想（打機），就要補償。補償不只是趕孩子去讀書、去做運動而已。我們已經説過很多次，要給孩子解決深藏的問題和缺乏。

即使立時不能解決，父母的聆聽和明白都很重要。

總結

做家長的確很疲倦。家長每次與孩子拉鋸或者衝突，只得一個字：「攰」！

「攰」，在於情緒令人疲累，是一種從心裏發出的疲累。而且，父母的挫敗感也是疲累的原因之一。

處理「攰」的最好方法是：休息。很多家長不懂休息，只會埋首工作和處理家庭不同事務，務求面面俱圓。可是，人是有限制的。假如你性格如此，處理衝突的模式如此，不能立即改變，就要容讓自己安排空間和時間去反思。

反思，才是家長最重要的工作之一。

另外，**「攰」就要找幫忙。不要忘記你的配偶，不要太快覺得配偶幫不上忙，不要判定配偶跟你標準不同就不能合作。**合作，是個過程，需要彼此溝通。如果一次説不通，就表示你倆要更多溝通和諒解。

收機不是終結，父母要向孩子傳遞的信息是：愛，就是真正的關心，關心孩子的真正需要，而不是學習成績而已。

爸媽，請好好照顧自己

本章金句

收機不是終結，父母要向孩子傳遞的信息是：愛，就是真正的關心，關心孩子的真正需要，而不是學習成績而已。

練習：成為具反省力的父母

1. 家長個人的平靜安穩操練

選擇一件有關你的事情，可以跟孩子有關 / 無關。但這件事會引起你一些不愉快的情緒。之後，運用上文的平靜安穩操練來幫助自己。完成後，記錄你的心情和發現。

1. 冷靜和檢視身體
2. 凝聚呼吸
3. 回想令你憤怒的情景
4. 檢視自己面對衝突的模式
5. 自我安慰
6. 跟負面情緒暫時説再見
7. 反省

2. 跟孩子一起做平靜安穩操練

邀請孩子選擇一件使他 / 她有不愉快情緒的事情。先叫孩子向你簡介。之後，運用上述的平靜安穩操練法，由你去帶動孩子一起做。一邊做，一邊詢問孩子想法和感受。完成後，詢問孩子的心情和發現，也分享你的心情和發現。

小學生或初中生，可以考慮較短的安靜時間，例如 15 分鐘左右；高中生則可以長一點，例如 30 分鐘左右。

1. 冷靜和檢視身體
2. 凝聚呼吸
3. 回想令你憤怒的情景
4. 檢視自己面對衝突的模式
5. 自我安慰
6. 跟負面情緒暫時說再見
7. 反省

提示：家長必須自己曾經操練過幾次，感到合適，才指導孩子操練。可以的話，也邀請配偶一起定期操練。

3. 重拾或建立興趣

當父母犧牲自己，全心全意為子女付出心血、時間和金錢時，難免對子女有一定的期望。父母自然希望子女聽話、感恩，能給予父母回報。如果結果未如理想，便會令父母感到失望和焦慮，影響與子女的相處。

因此，把自己的心意全部放在子女身上並不是對子女最好的，父母應該適當地照顧自己，包括照顧自己的情緒，保存自己的興趣、活動、社交，做自己喜歡的事。父母能自我照顧，會感到對自己公道些、平衡些，情緒會較放鬆，對子女的事情不會反應過敏，也較能尊重自己和子女是獨立的個體，大家都有自己的空間。因此，愛子女先要愛自己。

對自己說，今年一定要找到一種屬於自己的興趣，可以是重拾過去的興趣，或者重新發掘。所謂興趣，是你要喜愛這件事情，要做得開心，做完感到放鬆。所謂興趣，你要每個月至少做兩次。

CHAPTER 5　　SCORE 50

第五步

自動自覺最好——

培養青少年的自律

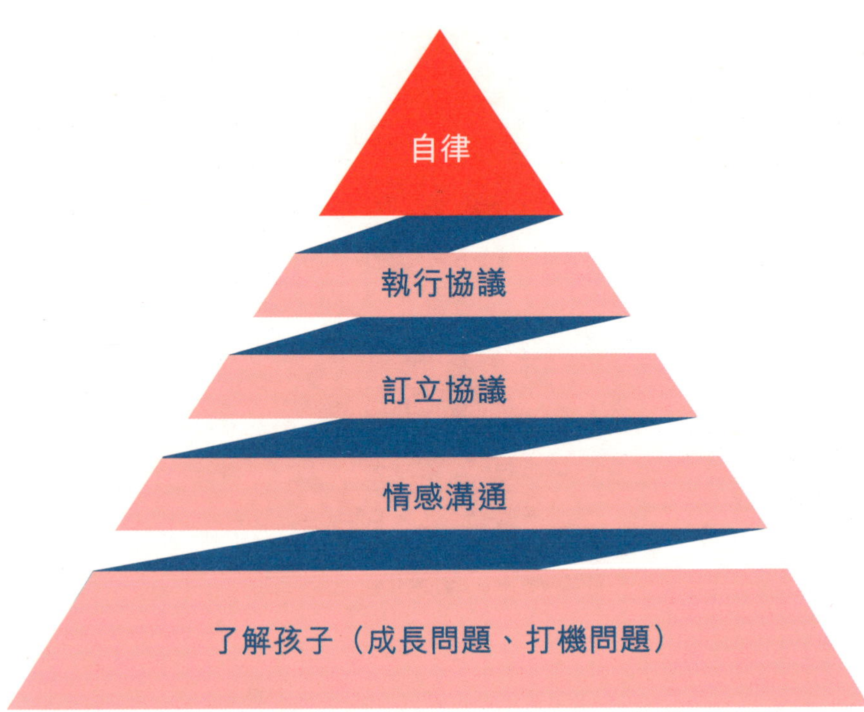

目標：

建立孩子的自律。

提示：

自律是子女的學習過程，不能一步登天，唯有透過父母的有效管教，才能幫助子女轉化。

引言

沒有家長想每天都與子女為了玩機收機，弄至家嘈屋閉。最理想的狀態，一定是子女自動自覺收機，不只在玩機一事上，在各種情況下，兒女也能自動自覺，做事有分寸，說過算數等。以上「做人質素」其實就是自律，也是教養的終極目標之一。

世上有兩個律，一個叫自律，另一個叫他律。前者是由自我出發，後者卻是任由別人控制或強迫。作為家長，當然不想每次都由家長威迫利誘孩子不去打機，而且更希望孩子可以把自律性發揮到生活各個層面，包括學習、自理或人際相處等。

自律，就是好好與自己相處

許衡是中國宋元時期一位傑出的思想家和教育家。一年夏天，許衡與很多人一起逃難。經過河陽時，由於長途跋涉，加上天氣炎熱，所有人都感到饑腸轆轆。這時，有人發現路上剛好有一棵梨樹，樹上結滿了清甜的梨子。於是大家都你爭我搶地爬上樹去摘梨來吃，唯獨只有許衡一人，端正地坐在樹下，不為所動。

眾人都覺得奇怪，有人便問許衡：「你為何不去摘個梨來解解渴呢？」許衡回答說：「不是自己的梨，豈能亂摘！」他們不禁笑了，說：「現在時局如此之亂，大家都各自逃難，眼前這棵梨樹的主人早就不在，你又何必介意？」許衡卻說：「梨樹失去了主人，難道我的心也沒有主人嗎？」

許衡心裏的主人，就是自律了，即使有沒有別人控制或監督，人都能把持一套自我標準和執行力。

那麼，我們要先了解什麼是廣義性的自律？

廣義性的自律是：

- **面向目標：**定下了目標，會盡力去實現，排除萬難和引誘；
- **言出必行：**會盡力實踐所承諾的事，即使辦不到，也會解釋；

- **延遲滿足**：為了目標，可以延遲即時的滿足，或只會暫時享受小量滿足；

- **不用依賴**：不用他人強迫或重複提醒，有一種自我管理的心態；

- **自我管理**：懂得自我對話，包括自我勉勵、催迫和評估；遇上困難，也會自我安慰。

從以上數點來看，廣義性的自律是由目標開始，然後是執行，在過程中懂得自我對話，整體地説，這是一個「自我實現」及「與自己相處」的歷程。什麼是與自己相處？這好像心裏已經有一個內在的主人管理自己一樣。

自律是如何煉成的？

培養子女的自律性是一個由「他律」轉向「自律」的過程。自律就如前文說的「心裏有個自己的主人」。很多家長對自律有些誤解。其實，轉向「自律」的過程：

- 不是父母可以一次兩次「訓練」出來的；
- 不是靠教科書或學校「教」出來的；
- 不是當孩子踏入某年紀，就自然地「腦囟生埋」，從而「成熟」起來的。

轉向「自律」過程其實是透過日積月累，一天一天父母跟子女的相處，潛移默化出來的；或者說，這是一種從生活中、從父母身教言教上，漸漸「內化」出來，真真正正，實實在在變成孩子自己的一部分，成為生命的特質和性格（character formation）。

轉化過程未必有一種定律或公式，但可以試從三方面思想這個「內化過程」去。而我們在前文已經提過這三方面，現在再次解釋這種「內化過程」。

1. 情感傳遞

首先是情感的連結和溝通，也就是第二步提過的情感溝通，可以讓孩子知道父母是真誠地為自己好；更重要是，幫助孩子「內化」父母對情感的掌握和調控，以致孩子學到如何掌握和調控自己的情緒，不用事事付諸打機解決。

很多時候，孩子玩機或其他行為問題都跟情緒有關。正如前文提過，孩子愛玩機可能是為了要舒緩情緒，所以開心，去玩機；悶，去玩機；不愉快，也去玩機。玩機只不過是一時的興奮劑或麻醉劑。

沒連繫情感的管教是死寂的，沒生氣的，孩子容易感覺被判死刑。在情感連繫的過程中，子女體驗到父母的愛錫、接納和恩慈，耐心地讓子女明白協議的目的，從而感受到協議雖是管制，卻是真誠為子女好。更重要的是，父母與子女之間，在情感上的溝通，可以幫助孩子也學懂自我對話和安撫。

我認識一個平日很嚴厲的爸爸。他的兒子患有過度活躍症，自小很難順服。當孩子愛上打機，問題一發不可收拾。一直以來，爸爸律以嚴刑，不是完全禁止玩機，就是用打罵的方式，威嚇兒子。可是，孩子問題始終沒變，還變本加厲，為人很暴躁。

一次，中二的兒子在學校闖出了禍，用暴力攻擊同學。父親要見學校社工。社工跟父親説，原來兒子一直覺得這個家沒溫暖，更懷疑自己不是父親親生的，覺得父親從沒愛過他，

反而很討厭他。父親當時非常驚訝，自問怎會討厭自己的孩子。父親如夢初醒。原來他一直都活在自己的世界，沒有進入過兒子的內心。孩子甚至學了他的暴力。於是，他回家向兒子立下諾言，永遠不會再打罵兒子，一起學習有商有量。孩子漸漸對父親產生信任，願意跟他商量，心態也變得平順。

本書開首時説，父母要學習了解孩子和自己的內心世界。跳進別人的世界就是更深入去了解一個人的內心，究竟想什麼、感覺什麼和需要什麼。生活有時令人忙碌到一個地步，精神體力只可以僅僅應付生活的各種事務，沒工夫去了解自己和他人。「快點吃飯，吃完要做功課，做完功課就趕去補習，補習後還要上興趣班……」家長的生活如是，孩子的生活如是。我們何時可以聽聽裏面的心聲和感受呢？

管教，乃是家長管理好自己的情緒，方能管理孩子的情緒，孩子懂得管理情緒，方能受教。

「不過所有的管教，當時雖然不覺得是愉快的事，反覺得是憂傷的事，而後來卻為那些由此受到操練的人，結出平安和義行的果子。」(《聖經．希伯來書》十二章 11 節)

這段《聖經》經文生動地描述了一個受管教者的心聲，就是不愉快，甚至憂傷。為人父母不但要管理孩子的行為，更要管理孩子的情緒。過程中，就是幫助孩子學習管理自己的情緒。

2. 賦予能力

第四步介紹的訂立協議，是幫助子女面對打機的魔力時可以抵抗，所以必須替孩子增能（empowerment），令孩子自我感覺「我是做得到」、「我可以控制自己」。很多家長只聚焦孩子做不到，做得不夠的地方，甚少察看他們做到了微小的「成就」。例如，平常孩子打機起碼六小時，有一天他竟自動地五小時後收手，已經是一種「小成就」；孩子口說想自控手機，讀好考試，但最後失敗而回，他曾有這意念，已經是一種「小成就」。父母應加以肯定。漸漸地，父母可以培養孩子「內化」，產生一種自信和自控力。

本書一直強調，父母不是家中的 CEO，不是為了管理家庭或孩子的「業績」，而是要了解子女的成長需要，賦予孩子能力去面對成長中的種種壓力與困難，以至步向成長成熟，生命改變。過程中，父母細心欣賞子女對父母的體貼、配合和付出，讓子女確認自己是良善的、關心他人的和有意志力的人。因此，父母平日與孩子的共處、價值觀教育，以及父母對子女的自我形象和自尊感的塑造，比起一時三刻的教訓，或者管制打機不打機，更為重要，更為長遠。

我認識一對父母，他的兒子今年中四。罕有地，他們的兒子成績良好，而且不愛打機。他的父母向我說，他們其實平日沒有特別管制兒子打機，他總是適可而止。其實，他們的兒子從小開始，給予很多時間陪伴同行。即使父親忙於工作，仍天天早起陪兒子吃早餐。一旦有時間，一家人便四處走走。這個家庭懂得「共享」。

我問那個讀中四的年輕人：「你不打機麼？」

他說：「有時我都會打的。」

我說：「你不常打機，你不怕沒話題，沒朋友嗎？」

他給我一個有意思的答案：「我平日都有看他們打機玩什麼遊戲，不會完全脫節。可是，交朋友不是靠打機，我會找到我的方法結交朋友。」

我聽得出那年輕人的一份自信。他的自信發自內心，也是源自從小父母的栽培。那麼，打不打機根本不是個問題，當然也不是規條。

父母不是Chief Executive Office，而是Chief Empowerment Office。Empowerment 的意思是增強孩子的內在力量，就是自信和自尊。

「今日所吩咐你的誡命，不是你難行的，也不是離你遠的。不是在天上，使你說：『誰替我們上天取下來，使我們聽見可以遵行呢？』也不是在海外，使你說：『誰替我們過海取了來，使我們聽見可以遵行呢？』這話卻離你甚近，就在你口中，在你心裏，使你可以遵行。」（《聖經．申命記》三十章 11-13 節）

這段聖經經文談到上帝的誡命（或管教），不單是律例規條。如果是律例規條，對於聽命的人是難受的，畢竟沒有人想被規管。**要管教得容易，要受教者易守，管教必須融入日常生活，且不離地，貼近年輕人生命。**

3. 以身作則

第三是身教。身教是一種示範，也是一種影響力。後者更為重要，一面展示出父母都正在學習，另一面展示出「是可以做得到的」。用父母自己良好的特質去影響孩子的特質。孩子要親眼見到父母講得出，做得到，才有效令孩子心服口服地「內化」出這種特質。

當父親想子女擁有自制力，言出必行言而有信，過均衡的生活，首先要問自己：「我做到嗎？」如果家長平日愛看手機，怎能勸動孩子不玩手機？家長平日都愛打機（或沉迷其他事），怎能勸動孩子不沉迷？子女接收到父母的要求和行動是一致和可行的，才有信心能做到協議的要求。

我認識一對父母。父親忙於工作，壓力很大，回家便愛上打機或上網減壓。可是，母親卻要獨自承擔教養重責。為了這件事，夫妻之間已爭吵過多次，但情況沒變。

當女兒小四時，母親赫然發現女兒患上專注力不足症，難怪一直學習困難，而且沉迷打機。這兩年間，母親心力交瘁，最終也患上抑鬱。父親目睹如此景況，心裏苦澀內疚，經過自我反省，終於放棄打機，加倍陪伴家人，跟女兒玩、閱讀、外出吃東西。最後，女兒的專注力問題竟然漸漸舒緩。

倘若家長想叫孩子自律，自己先要示範自律。自律的意思是：延後滿足、計算後果，和顧念他人。顧念他人是很重要一步，這樣才能走出安舒區和自私區。

「我（耶穌）心裏柔和謙卑，你們當負我的軛，學我的樣式。這樣，你們心裏就必得享安息。因為我的軛是容易的，我的擔子是輕省的。」（《聖經．馬太福音》十一章 29-30 節）

經文中的「軛」是套在牛頸上，為方便拉耕犂的用具。負軛的意思就好像一頭比較小的牛，要被帶往耕種時，農夫會把軛掛在牠的脖子上，起初這小牛不願聽話，亂衝亂撞，這時就透過曾耕田的老牛牽引着牠，小牛就不能亂動，一動脖子就會痛，只能跟着那老牛走路，以後慢慢就能按照主人的意思去耕種。

「容易的軛」的意思不是叫家長事事遷就孩子，放任孩子，而是根據孩子的狀況，給予適當的限制。例如，一個有專注力困難的孩子不能跟一般孩子相比專注力。家長究竟對孩子的認識有多少？期望合理嗎？更重要的是，軛是一起負的。家長承擔了這軛，因此負重比例更大。所以，家長要先律己。

總結

綜合上述內容，幫助子女培養自律，既是方法，也是心法，亦是相處。方法，因為父母要學會一套溝通及協商技巧。心法，因為父母本身要有一份自我反省，願意成長和自我紀律的精神，從而影響孩子。相處，因為教導孩子是從日常相處中，自自然然地流露出來的。

如果父母認識到真正的自律是什麼，不但讓子女學到自律，也因體驗父母的慈愛管教，學會與人相處的分寸，如何表達需要、如何處理情緒、如何表達要求，以及如何處理衝突，必然一生受益。

自律

本章金句

要建立孩子，父母先以身作則。

家長增值篇：

家長解難 10 問

目標：

認識不同管教模式，及解難方法和心態。

提示：

只要有信心，肯改變，都可以改善達致有效管教。

引言

在本書中，我們以一個管教金字塔介紹青少年管教的執行框架，以解說處理子女使用電子產品的行為問題。或許家長會有疑問，是否每個家長也能夠運用這套方法而收到管教之效？的確，同一方法，不同家長使用時都會有不同的效果。如果你屬於無為而治的家長，你在每一層的處理方式都會傾向寬鬆；如果你較少與子女交心，但很看重他們的紀律，你可能覺得向子女表達情感非常困難。

本章的 10 問，第 1 至 4 題是有關核心教養問題，針對家長的管教模式。第 5 至 9 題有關應用和實踐問題，針對應用方法的謬誤。最後會針對一些特殊孩子或家庭的情況。

第1問：我是什麼類型的父母？

粗略而言，管教模式可分為四種，分別為寬鬆型、嚴厲型、疏離型和恩威型，見下圖。

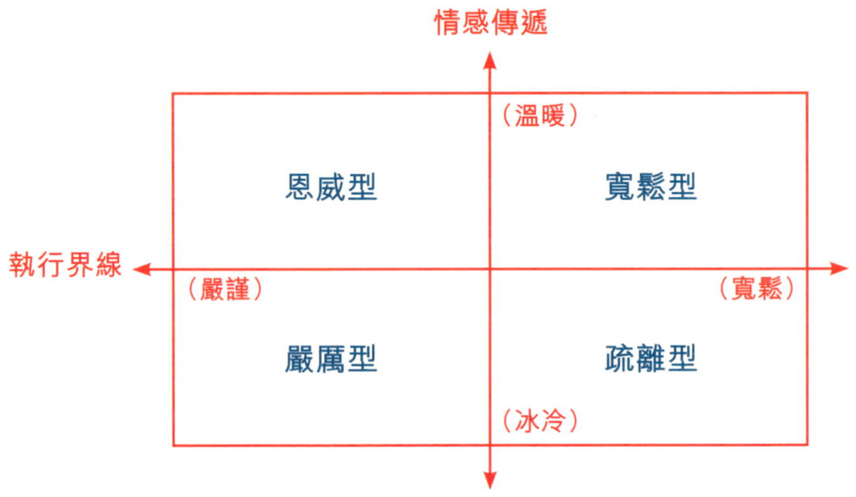

四種類型的主要分別在於父母在情感傳遞和執行界線的方式上。

情感傳遞：指父母向子女的情感傳遞，是關懷、接納和有回應，與子女相處時能明白子女的需要、體諒子女的處境、包容子女的過犯，且關心、信任、欣賞、尊重和保護子女，以致子女在情感上能接收到溫暖、親切和安全感，願意向父母傾訴，保持良好開放的溝通。

執行界線：指父母在管教行動上，是有要求和有管束的，在訂立規則時能清晰傳遞規則的意義、能與子女達成共識，並能堅定明確、貫徹始終地執行，又能因時制宜、不失彈性。由於界線清晰，子女有規可循，便能知所分寸，建立自制能力。

四種管教模式子女表現傾向

	執行界線嚴格	執行界線寬鬆
情感傳遞充足	恩威型	寬鬆型
	・高支持、高鼓勵	・高支持、高鼓勵
	・高要求、高管束	・低要求、低管束
	子女表現：自信獨立、有安全感	子女表現：較自我中心
	・與父母關係好	・與父母關係較好
	・高自尊自信	・較高自尊自信
	・責任感強	・責任感弱
	・自制能力強	・自制能力弱、易鬧情緒
	・社交能力好	・社交能力差
情感傳遞缺乏	嚴厲型	疏離型
	・低支持、低鼓勵	・低支持、低鼓勵
	・高要求、高管束	・低要求、低管束
	子女表現：順從 / 反叛	子女表現：沒有存在感
	・與父母關係較差	・與父母關係差
	・較低自尊自信	・低自尊自信
	・責任感兩極（強或弱）	・責任感弱
	・自制能力兩極（強或弱）	・自制能力弱
	・社交能力：懼怕權威	・社交能力較差

你的管教模式

第 2 問：可以如何改善教養風格？

每個人都有傾向的管教模式，這主要受到個人成長中體驗到的管教經驗有關，管教是一個潛移默化的模仿過程（modeling），與個人能力無關。父母可接納自己管教模式的傾向，並透過反思、模仿、學習新技巧來改善管教方法。以下是一些提議：

寬鬆型管教

- 保持與子女享有親密關係的優勢
- 切勿為了取悦子女而太容易妥協
- 執行界線要更堅定，謹記持守界線才能幫助子女
- 適當拒絕子女過分的要求，培養子女感恩之心
- 當子女發脾氣時，切勿答應子女的要求，要堅持大家冷靜後作出商議
- 勿過度介入子女的事情，須忍手，讓子女承受後果，訓練子女獨立自主
- 可找信任的人支持自己，令自己更堅定和舒解自己管教的壓力

嚴厲型管教

- 重視責任感，在培養子女自制能力有優勢

- 培養自己的情感能力，更多練習同理心聆聽子女需要

- 限制自己解決問題的能力，更多肯定子女的付出和能力

- 接納子女的軟弱和需要，多學習說「不要緊」

- 增加處事的彈性，容許加入子女的意見，縱使你覺得不是最好的

疏離型管教

父母：

- 首要是照顧好自己，讓自己的生活更有規律，別在一片忙亂中打轉

- 定期找信任的人傾訴，感受一下被關注的感覺

- 好好編排自己的生活日程，並努力完成，給予自己讚賞

管教子女方面：

- 每日付出至少 10 分鐘，只關注子女的事情和感受

- 與子女相處時要「人到心到」，別總是跟子女滔滔不絕談與他們無關的話

- 關心子女的成長發展，協助子女報讀一些興趣活動，但必須是他們同意的，並鼓勵子女完成

- 你可能需要同伴協助你管教，不用害怕，這是沒問題的，積極找尋朋友或專業的協助

第 3 問：究竟要惡不要惡？

為什麼很多青少年家長會在嚴厲和寬鬆 / 疏離之間遊走呢？因為家長對於執行界線的堅定和寬鬆有誤解。

很多家長會以為堅定的界線等於發惡、等於斥責，它的對立面便是縱容、溺愛。這想法又會令重視子女關係的父母感到為難，難以執行界線。

難怪家長有這個想法，因為華人文化的管教缺少「言語表達情感」的一環，疼是在心裏，在物質裏、在行動裏，大家自己意會。我們身邊看見的管教都是呈現這兩極化，自己也是這樣長大，被父母打得多罵得多，自然耳濡目染。

然而父母其實是疼愛子女的，訓斥過後，又會極力保護子女，這便成為嚴厲—寬鬆的管教。

另一方面，當訓斥得多時，卻遇到青少年激烈的反抗，再這樣下去關係都破壞了，因此行不通時，只好撒手不理、放任子女了，這就形成嚴厲—疏離的管教。

不論是嚴厲—寬鬆或嚴厲—疏離的管教，都缺少了一個向度——情感的傳遞。發惡是一種傳遞憤怒的方式，它的對立面是柔和的情緒，而縱容是執行界線的方式，它的對立面是堅定：

柔和而堅定

因此，發惡不等於堅定，柔和不等於縱容。**執行協議本身沒有問題，影響關係的是失控的情緒。**

有效執行界線的方式應是：情緒柔和、行動堅定（kind and firm），就是恩威並施。

第4問：家長的教養風格怎樣形成的？

教養風格的形成是一個複雜的問題，有關家長的個人性格、其父母的榜樣、成長經歷，和親子關係上的學習、參考和比對等。

關於親子學習，我相信閱讀這本書的家長都是有自學動機和能力的。

心理學上，有個叫依附理論（Attachment theory）。依附理論説明人如何看待關係，是受個人成長和其父母的影響。

自己的父母對自己好（即關注情感需要、正面回應、鼓勵等），固然好。可是，我們並非每個人都如此幸運。那麼家長會受怎樣的影響？

這裏有三種風格影響：

- 模仿自己父母的管教風格（replicative script），你的父或母在你年幼時如何待你，你便漸漸模仿，覺得「親子關係就是這樣」，沒有其他例子借鏡。

- 與自己父母的管教風格相反（corrective script），你不喜歡你的父或母，心中惱恨，一心不要跟從他 / 她，結果會不自覺地做了一種相反的風格。例如你的父親對你很嚴厲，你對自己的孩子就容易過分寬鬆，或不懂界線。

- 混合混亂、一時一樣，拿捏不到，進退失據。

你會説，你的父母老了，已經變得溫和，彼此關係改善了。對！可是，你所受的影響往往是童年或青少年期潛入內在的。

你會問，知道又如何？這是一個反省的過程。人可以變，變得更自省。嘗試多認識自己，不要受潛意識去支配。你過去需要自己父母在情感上的關愛，不想被綑綁，這同樣是你孩子的需要。所以不要把這一代的問題，帶給另一代。

第5問：不如叫子女做運動，看看書？有用嗎？

很多專家當談到沉溺戒癮時，會提到一個觀念，就是「替代」(substitution)。究竟有什麼東西可以給子女替代電子遊戲或手機呢？

表面上，這觀念是沒錯的。可是，很多家長卻誤用這概念，例如家長會叫子女去做運動，去閱讀，甚至去溫習，視為一種「替代品」。試想，有人要向你拿一張一百元紙幣，而只給你一張十元去替代，你願意嗎？

家長誤以為運動、溫習的價值比打機高很多倍，可惜年青人不但不認同，甚至可能覺得是一種「苦差」。意思是，不但要向他們討一張一百元，還要多取另一張一百元，一共損失二百大元。他們當然不會就範。

家長要考慮到的是「等價的交易」。家長要重新思想打機對子女的價值（可重看第一步）。簡言之，打機可能代表競爭中的刺激或成功感，或是人際交流，或是讀書有壓力，或是純粹因為悶要打發時間。

研究發現，年青人的大腦日常需要的刺激比成年人多很多，情況好像毒癮發作需要毒品。

那麼家長要考慮提供能解決子女「大腦飢餓」的方案，如果要刺激，可以提供有競爭性的玩意如桌上遊戲、或觀看刺激的電影。如果孩子怕獨個兒會悶，可以建議一家人一起打機，或請他的朋友來一起玩，至於外向型的子女需要出去走走。

第6問：一面做功課，一面玩手機，家長怎監控？

這個涉及幾方面的情況，第一：子女以為神不知鬼不覺，家長不會發現他們偷偷在玩手機。事實上，有些家長真的看不到，管不到，根本不知道他們用手機做什麼。這種家長要花多一點工夫和時間，去了解孩子用手機做什麼。例如，有一些手機應用程式可以監察手機用途和時間。更好的方法當然是適當的陪伴和溝通。

另一些家長雖然知道孩子偷偷玩手機，只是不懂如何「踢爆」。建議不用破口大罵，反而是在適當時候（可能是即場或者事後），用平靜但堅定的語氣暗示：我知道的，或者立即走在他身邊，不用出聲，以沉默成為壓力，令他們不要以為得逞。

第二，子女的專注力不足，真是抵抗不了手機的誘惑。每個孩子的專注力都不同，作息的節奏也不同，因此家長要事先了解及溝通，約法三章，做作業有多長時間，可休息多久，讓家長參與討論如何「作息」，而不是子女任由敵不過誘惑。

第三：朋友要找他們，不得不立即回覆。這時，家長不要立即大罵，反而要細心聆聽了解，可能朋友真的有要事，或是孩子純粹不懂推卻別人，這方面是人際關係的教育。

可見，第二和三的應對不只是處理打機問題，也是自理和人際問題。家長不要立即下結論是打機的問題，這樣反而使問題變得難以解決。

第 7 問：已是睡覺的時候，究竟收不收機？要何時收機？

這是有關界線的問題。界線，包含了生活作息的界線和關係的界線。

其實，家長在孩子整個成長中都要引導生活的界線，何時睡何時工作何時玩，在什麼時候應該做什麼，所謂有規有矩。可是到了子女的青春期，很多規矩已蕩然無存，為什麼？

有時可能是家長在子女年幼時並未指導清楚。有時是家長見子女長大了，稍為放鬆，子女就如甩繩馬騮。因此，訂立規矩是一個不可停和漫長的過程。訂立時，如書中講：堅定而溫和，不用惡，但要堅定。另外，有些家長的底線不堅定又不一致，隨時會變，子女就會趁機會鑽空子。

很多時候，子女心裡怕家長收了機之後，不會發還。家長要言出必行，給子女信心，子女才會交出手機。家長要說明發放時間，及清楚指明手機放在哪裏（當然不會是子女隨時可以取回的地方）；家長發還手機之後，不用說三說四，又指罵一番，這會令子女不信任你是甘心發還的，影響對你的信任。

第8問：爸爸也在打機？怎麼辦？

不少母親會遇上丈夫這情況，心中非常困惱，感覺問題更嚴重，更難搞。(當然有時候可能是母親愛打機。)

當母親遇上這情況，不但感覺丈夫沒有出手幫忙，而且為子女立下一個更壞的示範。當母親努力地去「教導」子女時，丈夫反而搞壞事情。心中想，自己正在照顧多一個「大孩子」。

當然每個家庭的情況很不同，夫妻關係也有差異。我在輔導室發現，很多時候太太都可能有盲點，忘了聆聽丈夫心底的情況。丈夫的表面「打機行為」，部分原因可能是對太太的一種無聲「反應」甚至「反抗」。

為什麼？

有時，太太和丈夫對親子問題（例如打機問題）會出現方法上、標準上、時間上種種差異，當父母間不能好好協調（請看第四步），另一方便會退卻，以一種「你理，我唔理」的態度作為一種無聲的抗議。有些父親純粹因為不滿而反叛起來，有些父親可能藉自己打機展示並沒有不妥，有些父親可能想，既然你不接受我的方法，甚至詆毀我，我唯有坐視不理。以上種種互動當然都不健康，一方面父母間的矛盾只會愈加劇，另一方面子女看着會感到無所適從。

另一些情況，可能是出於父親的生活和工作壓力。一般男士不太習慣減壓和傾訴壓力，而望見太太每天只是忙於處理子女的打機問題，吵吵鬧鬧，心中更感煩惱，最後躲到手機去減壓，什麼都不想顧。

看了以上丈夫的核心問題，你會知道單單指責丈夫打機，並不是正確對策，反而令關係和事情更糟。太太為了大局，先放下立場和姿態，不立刻指責，而是了解丈夫的不滿，尋求對話，提升「男士的尊嚴」，甚至鼓勵對方，爸爸的影響力有時會比媽媽更有效，子女樂意聽爸爸的話。這樣才是合作之道。

第 9 問：如果子女是 SEN 的孩子？更難搞！

SEN（特殊學習需要，Special Educational Needs）的孩子帶給父母的困難會比一般孩子大很多倍，這種父母的辛勞，所花的心力，又比一般父母大很多倍。

簡單地舉兩種例子：過度活躍及專注力不足（Attention Deficit Hyperactivity Disorder，ADHD）的孩子主要困難是：容易怕悶、難以專心、難以節制；自閉症譜系障礙（Autism Spectrum Disorder，ASD）主要困難是執著己見及難以表達自己的情感（和觸摸感受）。

很多家長會犯以下錯誤：首先是用了對一般孩子的標準、方法和期望去對待他們，結果往往會失望或無功而回，或者只是用「死力」跟孩子搏鬥，筋疲力竭。其次是，家長只顧直接處理行為問題，往往忽略了這些孩子特別需要感情上的承載。孩子沒有得到情緒上的舒解，處理表面行為只會事倍功半，甚至弄巧反拙。這就是死力了。

ADHD 的孩子很容易被激怒，家長對他們發怒，只會刺激他們發更大的怒去對抗你，反而學不懂。

ASD 孩子難以表達自己，家長只看表面行為，會忽略了他們內心很多心聲，很多需要，很多因由。

其實方法都是書中教導的教養金字塔，不過 SEN 孩子的家長在第一層（了解孩子的需要和內心）要加強很多，常常帶着一種假設：孩子有他們的原因，是什麼原因？（不只是懶和貪玩而已）及第二層（情感溝通），不斷用同理心去降低他們高漲的情緒，對 ASD 孩子要努力去「估計」他們的情緒，幫助他們表達。

結論是：先情感，後處理。溫和而堅定。

漸漸地，孩子也會學懂講道理，講口齒。

第 10 問：已經用盡所有方法，子女都沒改變？

可以從三方面理解：

第一，當孩子正在青春反叛期，通常是高小至初中的時候，因為生理和心理的極大變化，他們內心的掙扎也非常巨大，因此自己也顧不了自己，更加聽不進父母的話。對家長而言，這是他們人生最難搞的時期。那麼，家長有什麼可做？我可以說，就是「等」。等，不只是啞忍，不只是遷就，而是儘量保持關係。

很多家長為了阻止子女打機，無所不用其極，打罵哭求，樣樣都做，卻忘記了關係才是重中之重。我可以說，先假設這時期的子女是很難搞，將自己期望降低（因為小學階段易搞，家長以為可以長驅直進），對自己的教養效果自我打折，那樣你會放鬆一點，才能施行書中所教導的方法。

那麼等多久？大多數青少年到了中四或五會漸漸成熟，開始有多一點理性思想，會反省多一點。你在之前為了關係忍耐的幾年，在高中開始就會是收成期的開始。

相反，如果在反叛期搞不好，他們到了高中不會再願意跟你修補關係，只會愈變更差。要看短線，也看長線；不是短期戰，而是漫長的戰鬥。

第二，沉溺打機的孩子往往是超級極度自卑的孩子。可是，一般父母面對他們，只會加以詆毀，指責他們沒出色、沒用，最後他們只會更自卑，更不會走出打機的黑洞。要明白，孩子積累的自尊問題一定不是一時，冰封三尺非一日之寒。

家長要反省過去如何看孩子，有否多批評少讚賞？有否多要求和控制，少鼓勵自主？家長要徹底改變，從今日起，將焦點由打機，轉去鼓勵和讚賞，幫助他們走出來。你會說，他們沒有什麼可讚。這正是你個人的問題，看孩子只看到負面，看孩子只看成就，卻忽略了孩子本性的善良，或在學習以外的長處，甚至回想他們嬰孩時期的可愛一面。愛他，就要欣賞他。

第三，因為過去不同原因，令關係變得極差，孩子拒絕接觸家長，躲在打機背後。首先，沒有人天生想與家人關係惡劣；第二，關係問題一定是雙方的和互動的，一個巴掌拍不響。

很多時，家長都不想關係搞得惡劣，可是礙於面子，一定要子女先道歉。家長，面子是不值錢的，面子是自己製造出來的。我們是成年人，反而要以身作則，先放下身段，給孩子下台階，孩子才有路走出來。

你會問，我已經決定先行一步，孩子仍是不理不睬，可以從何開始？可以先從生活細節開始，買些煮些他們喜歡的食物，靜靜地遞給他們，他們會感覺到的（雖然開始時不會感謝你）。之後，可以寫信或字條，表達：你明白他們的心情；你對他們的關心和愛。千萬千萬不要再說教和指責，不用太心急他們看了與否，看了有否正面反應。既然是冰封三尺，就要時間慢慢破冰。

當關係好轉，不要立即又回到打機問題，多些關心他們的掙扎，讓他們說出自己其實想如何生活和學習，家長要給予無比的接納。

本章金句

只要父母向子女有效傳遞情感，並能執行界線，就可收管教之效。

練習：成為具反省力的爸媽

給自己一段悠閒的時光，找一個寧靜的空間，反思自己的人生體驗。

1. *回想一次被關懷的經驗，形容一下當時你聽到什麼？看到什麼？接觸到什麼？*

____

現時，你的感受如何？感覺一下身體有什麼反應？

____

2. *回想一次被包容的經驗，形容一下當時你聽到什麼？看到什麼？接觸到什麼？*

____

現時，你的感受如何？感覺一下身體有什麼反應？

____

3. *回想一次你被要求改善行為，但感覺良好的經驗，對方如何向你解釋要求你改變的原因？形容一下當時你聽到什麼？看到什麼？接觸到什麼？*

____

現時，你的感受如何？感覺一下身體有什麼反應？

____

4. *回想一次你因行為不理想而接受後果，但感覺良好的經驗，對方如何執行給你的後果？形容一下當時你聽到什麼？看到什麼？接觸到什麼？*

____

現時，你的感受如何？感覺一下身體有什麼反應？

____

5. *以上四個經驗，對你管教子女有什麼啟發？你認為自己應該多做什麼？應該少做什麼？*

____

結語：貼錢都值得做的職業

世上有一份職業，一年 365 天都在工作，一個月的工作時間大約為 540 小時，一週工作時間可能是 135 小時，甚至更長，有時需要徹夜難眠，沒有任何休假，沒有自己的生活，更重要的是，沒有薪酬，還要貼錢！你會做嗎？

你必定回答：「不會！」

可是，你已經選擇了這職業，並且成為終身職業。這份特殊的職業叫做「父母親」。

今時今日，親職工作愈來愈難。昔日自己的父母沒太多時間管教自己，甚至一家幾口，幾個兄弟姊妹都還過得到。現在每個家庭生育比較少，甚至只有一孩，可是親職任務卻仍然非常艱難。

管教之難，難在面對孩子，面對父母自己，也要面對他人和社會。父母遊走於不同的標準和價值觀之間，有時真的會迷失方向，愛孩子愛得很吃力！

愛，先放下身段

很多人對家長說要放手。什麼是放手？放手是不理嗎？是縱容嗎？是視而不見嗎？放手，其實是自我放下。你們已經讀了這本書和看了影片，學懂很多心法技法。不論你同意與否，學懂與否，最後，這裏要給你們管教最重要的原則，就是**放下身段，才能有空間自省、更正。**

我在輔導室遇到一個家庭。父親是個沉默寡言的人，而母親來自教育界，處理學生經驗十足。父母氣急敗壞地帶來了他們中四的孩子，因為孩子突然患上情緒病，並開始沉迷打機，不理父母，令父母無計可施。

當我接觸那對父母時，感到母親有一股強勢，認為孩子沒問題，只是一時想不通，而且家庭關係和管教也沒問題，反而指點我應該如何跟她的孩子傾談。同時，她更指點她的丈夫，令我覺得她近乎漠視丈夫的管教能力。我心裏想，這股強勢正可能影響孩子要跟母親對抗。可是，我眼中看見的那位母親，不是一般看見的強勢，反而是看見她內心的痛苦和脆弱。因此，我提醒自己要努力去了解和體諒那位母親。

日子久了，孩子的病情愈來愈嚴重，母親也拜訪過不少名醫和專家，始終找不出原因和解決方案。漸漸地，她慌亂起來。這時候，我彷彿看見母親內心的弱小，開始深入地了解她的原生家庭，發現她自小要被迫肩負一家很多不必要的擔子，內心的責任感和內疚感逼使自己一定要強大。我讓她重新認識自己，令她明白自己的強勢只會教自己方寸大亂，不斷抓狂。

這時候，她開始放下防衛，也開始面對個人及婚姻的問題。原來她內心一直存着丈夫很多年前婚外情的心魔，只是一直

抑制不理，反而用強勢去「打壓」丈夫。無奈地，她原來無形地孤立自己，獨自面對孩子的問題。

最後，她醒覺要慢下來，軟下來。自此，丈夫和孩子都感受到她的改變，也不再搞對抗。

我們活了幾十年，要放下身段絕對不易。這位母親的反省，不是一日而來，不是強迫而來，乃是經過我對她長時間的接納、關懷和聆聽，而漸漸令她解除防衛，以致可以接受自己，找出根源問題，最終放下身段，真心願意改變。因此，**人與人之間或者夫妻之間理應更多接納、關懷和聆聽。**

愛，一根指頭就夠

大部分家長都愛子女。如何愛？什麼是有愛的管教呢？管制是否愛？縱容是否愛？嚴厲是否愛？自由是否愛？我們的確很難為愛下定義。每個父母都愛自己的子女，究竟怎樣才愛得合適，愛得輕鬆呢？

年前我赴英國留學，當中有機會在英國四處遊歷。其中難忘的一幕是到訪英國最西部的康瓦爾郡（Cornwell）。那裏有個地方叫蘭茲角，又名天涯海角（Lands End），是全英格蘭最西端的地方，以觀看日落聞名。

當天，我一早到達那處，在山崖邊靜心等候日落西山的一刻。漸漸地，愈來愈多人在崖邊守候，屏息靜氣地默默站着

坐着。突然，我發現旁邊有一個家庭。這是一對中年父母及他們的青少年兒子。可是，兒子坐在輪椅上，似乎四肢僵硬無力，頭垂下來，眼睛只有望向地下，沒精打彩。我心想：「這對父母都算苦心，辛苦地帶孩子到來，可是，孩子如此狀況，如何觀看日落呢？」

當日落的光華乍現一刻，整個天空被落霞染紅，再幻化成橙的、黃的，甚是美麗。當時，我記起旁邊的家庭，於是回頭看，赫然發現母親俯身，跟兒子同一位置，再用自己的一根指頭，輕輕地托起兒子的下巴，將他的頭顱稍稍抬起，剛好可以觀看落日晚霞。年輕人的眼神忽然明亮起來，雖沒説話，卻展露讚歎不已的神色。那時，我感覺他的生命似乎被燃點起來。

一個沉迷打機或者充斥行為問題的年輕人，仿似那位四肢無力的男孩，軟弱無力，被牢牢地綑綁，動彈不得。即使他想逃離困局，也不易一時逃脱。有時父母未必可以做什麼，説什麼；或者愈費勁，綁得愈緊。**理想的管教，其實是了解孩子當下的真正需要，在旁扶一把，好像用一根指頭去托着、去指引孩子自己親自觀看生命的光輝、屬於他自己無垠的一片天。**

愛，有時要站在孩子同一位置。

愛，要了解孩子的處境，發掘至關重要的需要。

愛，是指引孩子親自去觀看，去反省。

愛，不用做得太多，夠了就是夠了。Enough is enough !

記得書首楔子的一篇詩叫《走開》（*Walking away*）嗎？

唯有天父完美示範對愛子放手——
成長，始於走開，
愛，見於放手。

很多家長以為教養孩子很用力。不錯，的確費力。不過換個角度，只要家長找對方位，不斷反省調校，學習放手，大可省些力。

很多家長在手機問題面前都跪下投降。請你對自己有自信，我們沒有敵人：孩子不是我們的敵人，電玩手機也不是我們的敵人。可能家長的敵人正是自己，因為我們有時都會失卻信心、耐性和反思空間。你的成長和改變，正是孩子改善行為的最大模範和推動力。

如果我們在親職上可以看見孩子長大，同時換來家長的個人成長，為人父母這份工，貼錢都值得做吧！

爸爸媽媽，我衷心祝福你，會為你祈禱。

你的弟兄

伍詠光

2019 年 4 月